危機管理&メディア対応 新・ハンドブック

山口明雄 著

第1部 危機管理広報

第1章 新時代の危機管理広報 〜全社員が「危機管理広報」を身に付ける時代〜

第2章

危機が発生する前に ～事前の備えを強化する～

第3章

危機が発生したら① ～危機発生時にこなすべき14のTo Do～

第2部 メディアトレーニング

第1章 幹部から現場まで、全社員でメディアトレーニングをしよう

危機管理&メディア対応　新・ハンドブック

◇はじめに〜幹部から現場まで、全員に周知徹底せよ〜

「株式会社○○、個人情報流出で3万人に影響」「○○株式会社　商品に欠陥、大量リコールへ」朝起きていつものように新聞を開くと、悪い意味で自社の名前が踊っている…。「まさか」と思い、テレビやネットのニュースを確認しても、自社への批判を目にするばかり。こんな状況に直面したら、幹部や広報担当者はもちろん、いち社員でも冷や汗をかくでしょう。

さらに最近では、差別的な表現を含んだウェブCMや、従業員によるSNSへの不適切な投稿など、ネットを中心に批判が殺到し「炎上」を引き起こすケースも増えています。

このような「危機」は、企業・団体・自治体など、どの組織にも突然やってくる可能性があります。そのときあなたは状況を冷静に判断し、慌てず行動できるでしょうか。また、普段から組織の「危機」を防ぐために意識していることはあるでしょうか。

本書は、「危機管理&メディア対応　新・ハンドブック」という書名が示す通り、危機が発生した時に手軽に参照し、すぐに対応するための便利な手引き書として作られています。

しかし、本書は広報担当者のためだけの本ではありません。キャッチフレーズ「幹部から現場まで、全員に周知徹底せよ」が示す通り、「全社員に読んでもらい、危機管理広報の重要性を周知徹底する」ことを念頭に置いて構成しています。本書をテキストにした社内セミナーやメディアトレーニングを全社員に向けて行うことにより「危機を発生させないための取り組み」の第一歩、すなわち危機管理広報演習の第一歩が踏み出せるのではないかと私は考えています。

本書が、SNS時代の新しい危機管理広報の自覚をみなさまの組織の全従業員に植えつけ、危機を発生させないための取り組みとして大きな力を発揮するよう、心から願っております。

危機管理広報&メディアトレーニング・コンサルタント　山口明雄

本書の使い方

● 第一部「危機管理広報」、第二部「メディアトレーニング」の二部構成

第一部では、「危機」発生前の準備から発生時の対応、事後の対処までを時系列に掲載しています。図版やイラストによる解説で、突然の危機発生時にも「今やるべきこと」が一目で分かるよう工夫しました。

第二部では、総理大臣をはじめとする著名人や大企業など数々のメディアトレーニングを手掛けてきた著者が、30年間で培ってきたメディアトレーニングのノウハウをご紹介しています。

左ページは主に図やイラストで解説。
時間のないときは、ここだけ見れば
最低限の情報を得られます

1テーマ　1ページ完結型！
必要な内容を必要なときに
読める構成にしています

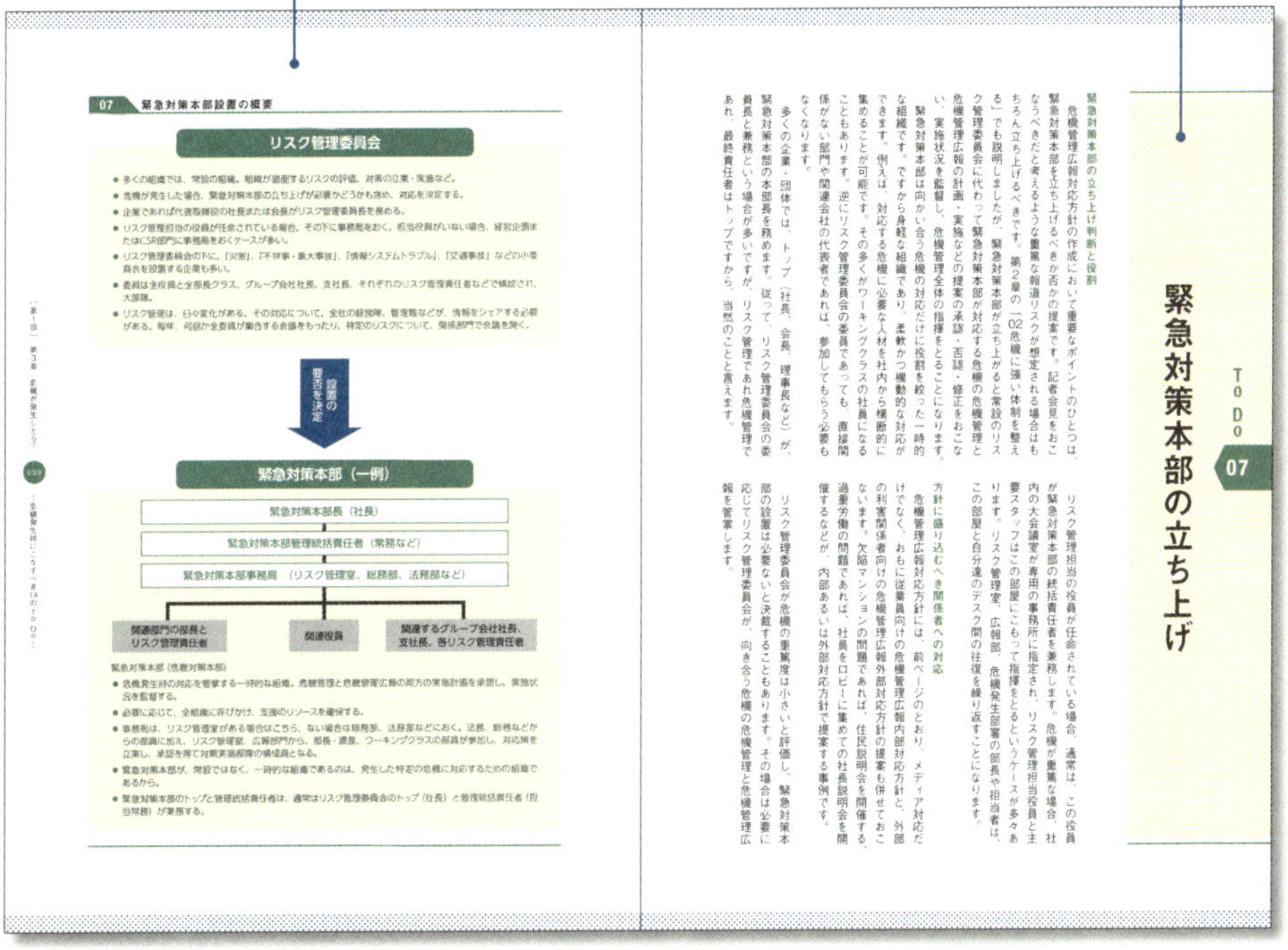

使い方 1　平時のテキストとして

本書のテーマ「幹部から現場まで、全員に周知徹底せよ」を実践するために、全社員に意識付けをする必要があります。たとえば、広報部門はもちろんのこと、全社員に本書を1冊配布し、セミナーのテキストとしてご活用いただくなど、先手を打った「危機を発生させないための取り組み」を行うためにご活用ください。

使い方 2　有事の際のマニュアルとして

本書にも出てきますが、何かあった際、いち早く対応することが重要です。もし、あなたの会社に有事の対応マニュアルがないのであれば、ぜひ本書をマニュアルとしてご活用ください。必要なテーマのページを開けば、今何をすべきかを、すぐにご理解いただけることと思います。

◇本書で扱う９つの重要ワード

①危機管理広報

危機管理広報とは、企業や団体、自治体など、みなさんが勤務するあらゆる組織で発生する危機に対する広報的な対応です。メディアの取材に対応すると共に、メディアを通して国民に、時には世界中の人達に、危機とその時点での対応状況、そして今後の対策を説明し、必要な場合は、被害者、関係者、国民に謝罪をします。また、従業員、取引先、株主、地域住民、監督官庁など組織内外の利害関係者とも、さまざまな手段で危機対応のコミュニケーションを取り合います。

②メディアトレーニング

何百万、何千万の人達に、素早く情報を提供できる手段はテレビ、新聞、雑誌などのマスメディア以外にありません。それらに加え、多くの企業や団体では、専門誌、タウン誌、ウェブサイトやブログ、SNSなど、あらゆる情報伝達媒体がメディアと呼ばれます。

メディアトレーニングはこれらのメディアへの対応力を高めるためのトレーニングです。平たくいえば、記者会見やインタビューを思い通りにこなすための訓練です。特に危機管理広報では記者会見を想定し、スポークスパーソン（話し手）の訓練を行います。

③マスメディア

テレビ、ラジオ、発行部数が多い新聞・雑誌などの総称。「多くの人に向けた（マス）報道媒体（メディア）」という意味です。マスコミは基本的にはマスメディアと同じ意味で使われますが、語源は「多くの人に向けた（マス）コミュニケーション（略してコミ）」なので、少々ニュアンスは違います。

④インターネット／ネット／ウェブ

インターネットとは、共通の通信仕様をもちいて全世界のコンピュータや通信機器を相互につなぐ巨大なネットワークで、人類共有の情報インフラです。

ネットは「インターネット」の略語ですが、インターネット・システムを指すだけでなく、その機能やサービスまで包括した意味で使われることが多くなっています。本書でも、広い意味で使用しています。

ウェブは、インターネットの機能のひとつです。文書、画像、動画などの公開・閲覧システムで、ホームページ、ブログ、SNSなどもウェブの機能を使っています。なお、Eメールはウェブとは異なるインターネットの通信仕様を使っています。

⑤ソーシャルメディア

ソーシャルメディアとはインターネットの機能を利用して、多数の人々が参加・交流できる社交媒体です。電子掲示板、ブログ、SNS、画像や動画の共有サイト（YouTubeなど）、AmazonやBooking.comのカスタマーレビューなど、無数の媒体が存在します。

匿名で投稿できる掲示板サイト「2ちゃんねる」が注目されるようになったのは2000年頃でした。「特定不可能な内通者に内部情報を暴露されるのではないか」と戦々恐々としながら、膨大な量の投稿に目を通したスネに傷を持つ有名人や企業の代表者もいたはずです。2ちゃんねるはソーシャルメディアが持つ危機の一面を世に知らしめたさきがけでした。

⑥SNS（ソーシャル・ネットワーキング・サービス）

SNSはソーシャルメディアの中のひとつのジャンルです。ツイッター、フェイスブック、ライン、インスタグラムなど個々のサービス名を数えあげたらキリがありません。

SNSはサービスごとに異なる特徴があります。例えば、投稿のスピードが速くライブ感覚で使える／匿名でも登録できる・実名でないと登録できない／誰でも投稿を読める・会員でないと読めない／写真の投稿が中心／チャットが簡単／拡散性が大きい、などさまざまです。SNSはソーシャルメディアの機能を各サービスの特徴に合わせて強化し、使いやすくしています。

SNSの大きな共通点は、スマートフォンとの相性が良いこと。スマホユーザーは2014年を境に大きく増えましたが、同時にSNSユーザーも増加しています。それに対し、PCの出荷台数は、2017年現在で2011年の半分ほどに縮小しています。

⑦炎上

炎上とは、ネット上の投稿が「不謹慎な行動」「差別的表現」などと判断され、非難が殺到して収拾が付かなくなる事態または状況を指します。元来、炎上の火元はブログが中心でしたが、SNSが「ソーシャルメディアの花形」といわれ始めた2012年頃からは、ツイッターが中心となっています。ツイッターの3つの特徴①匿名でも登録できる ②140文字までの制限があるので素早く投稿できる ③リツイートなどで他人の投稿を簡単に拡散できる、が他のSNSサービスに比べて炎上をより多く引き起こしている要因だといわれています。ダイヤモンド・オンラインが2013年に実施した調査によれば、ソーシャルメディア発の炎上の火元の半数以上がツイッターでした。

⑧ニュースサイト／ポータルサイト／まとめサイト

昨今、ウェブにはニュースがあふれていますが、ニュースを扱うサイトにも、4つの分類があります。まず、ネット上の新聞・雑誌の役割を担うのが「ニュースサイト」。一般的なニュースに加え、ゲーム、自動車、料理、旅行などさまざまな独自取材の記事を掲載しています。ウェブニュース、オンラインニュースなどさまざまな呼び方がありますが、本書では「ニュースサイト」または「情報サイト」と呼びます。

次に、日本中のほとんどのスマホ・PCユーザーが一日に一回は開くのがYahoo!やGoogleなどの「ポータルサイト」。ポータルサイトでは独自取材の記事ではなく、通信社・新聞社・放送局からの配信記事を主に掲載しているほか、話題を集めているニュースサイトの記事やSNSの投稿も転載しています。

そして、近年はニュースサイトの中でも、転載を専門とするサイトが増加しています。例えば「J-CASTニュース」はブログや掲示板、SNSで小炎上している投稿を見つけて転載するのが得意です。このようなニュースサイトは「ミドルメディア」と呼ばれています。

他にも、ウェブ上の情報を特定のテーマで集めてまとめる「まとめサイト」があります。All About、NAVERまとめ、Togetter（トゥギャッター）などが該当し、これらの「二次メディア」は「キュレーションメディア」とも呼ばれています。

なお、ミドルメディアや二次メディアにソーシャルメディアの火元の記事が転載されると炎上が始まる、と分析する学者もいます。

⑨メディア

ネットを含む報道媒体のすべてを「メディア」と呼びます。具体的には、地上波・衛星放送・CATVのテレビ・ラジオ・新聞・雑誌などのマスメディアと、その他の印刷媒体です。ネット以外のメディアは「リアルメディア」と呼ばれることもあります。しかし、新聞の電子版や雑誌の紙面ビューアーのように、紙媒体とネットで同じコンテンツを展開するメディアも登場し、「リアル」「ネット」と分類すること自体、意味がない時代に入っています。すでに多くの企業が「リアル」と「ネット」のあらゆる報道媒体を「メディア」と呼び、公平な対応をしています。

なお、総務省は2020年の東京オリンピック・パラリンピックに向けて、テレビ番組のネット同時配信を本格普及させる方針を決め、すでに民放テレビ局15社がテレビ番組のネット配信システムに共同出資する提携を発表しています。マスメディアがネットを主戦場とする日はそう遠くないかもしれません。

第 1 部

危機管理広報

第１章

新時代の危機管理広報

全社員が「危機管理広報」を身に付ける時代

リアルメディア

新聞の電子版
雑誌紙面ビューアー

マスメディア（マスコミ）

地上波テレビ
NHK
全国に民放ネットワーク局

新聞
全国紙 ／ 地方紙 ／ スポーツ紙
夕刊紙 など

ラジオ
NHK第一
NHK FMなどの全国放送の他
TBSラジオなどの地域放送局が
多数ある

雑誌
総合月刊誌／週刊誌／男性／
女性誌／ビジネス誌／トレンド誌
／自動車誌／ゴルフ誌など

BS,CS 衛星放送
CATV

他のリアルメディア

業界別専門紙（誌）

フリーペーパー／フリーマガジン／タウン誌

ミニコミ紙／同人誌

さまざまな会員誌
JAF Mate／クレジットカード
会員誌など

SNS
ツイッター
フェイスブック
インスタグラム
ライン など

電子掲示板
2ちゃんねる
mixiコミュニティ など

ブログ
（「人気ブログランキング」など有名ブログをカテゴリー別に紹介するサイトが多数ある）

動画共有サイト
YouTube
ニコニコ動画
GYAO！など

カスタマーレビュー
Amazon.co.jpのカスタマーレビュー
Booking.comのレビュー　など

SNSは、もはや「個人のネット交流の場」だけではない。あらゆる人が、あらゆる他のメディアに、すばやく、広範に情報を発信できる強力なメディアそのものでもあるのだ。

メディアの世界

インターネット

両方

ニュース・情報サイト

ポータルサイト
- Yahoo! JAPAN
- Google
- MSN Japan
- Bing など

ミドルメディア
- ガジェット通信
- J-CASTニュース など

ニュースサイト
- 朝日新聞デジタル
- Eテレ NEWS 24
- ロイターニュース など

情報サイト
- クックパッド（料理）
- バイトル（アルバイト）
- All About（生活一般）
- TABI LABO（旅行）
- CNET Japan（IT）
- ファミ通.com（ゲーム）など

まとめサイト
- NAVERまとめ
- nanapit（生活情報）
- togetter（ツイッター）

ネットTV
- AbemaTV
- ニコニコチャンネル
- 政府インターネットテレビ
- NHKオンデマンド など

その他HP、ネット広告など

ソーシャルメディア

「メディアの世界」図解を、鳥瞰的に眺めると、だれでも、文章も、写真も、動画も、簡単に投稿できるSNSがメディアの世界の中心の位置を占めつつあることが分かる。

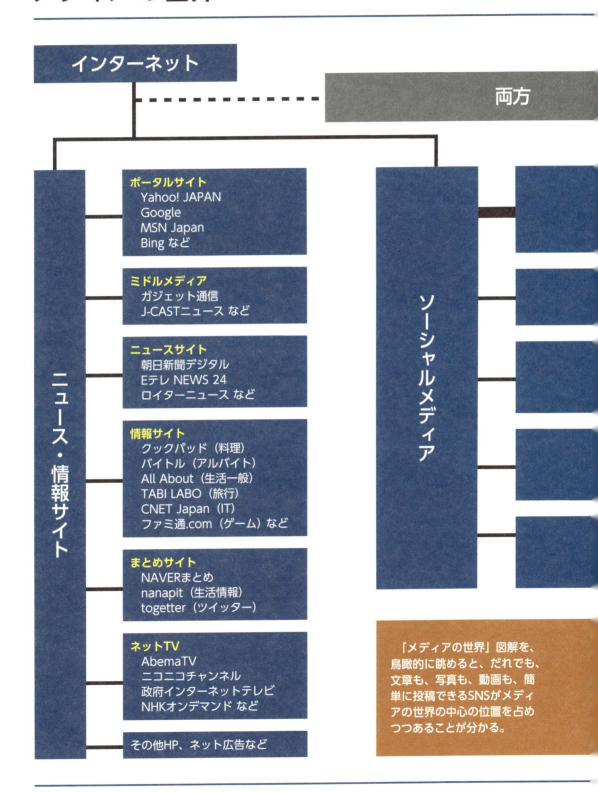

01

これが新時代のメディア構造！

マスメディアを襲う異変

この原稿を書いているのは２０１７年７月です。テレビ、新聞、雑誌などのマスメディアはとてつもない異変にさらされています。象徴的な出来事は２０１６年のアメリカ大統領選と２０１７年のトランプ大統領のマスメディア敵視政策です。

ＳＮＳの力をフル活用して選挙戦を勝ち抜いたトランプ氏は、大統領に就任してから、いくつかの記者会見の場で、ＣＮＮやワシントンポストなどの有力なマスメディアを名指しで「インチキニュース」とののしり、えこひいきするメディアにしか質問の機会を与えませんでした。大統領報道官の定例会見では、報道官が答えに窮している映像にいらだって、慣例だった写真やビデオの撮影を禁止しました。その報道官はのちに辞任しました。顔がＣＮＮロゴになっている人物を大統領自身がリング下でたたきのめす動画を自身のツイッターに投稿し、「ＦＮＮ（詐欺ニュースネットワーク）」と罵倒しました。

異変の理由はＳＮＳ

どうしてこんなアンビリバボーなことができるのでしょう？

答えはＳＮＳです。トランプ大統領のツイッターとフェイスブックのフォロワーを単純に足すと5千万人を超えるそうです。大統領自身が超巨大メディアの君主なのです。しかも支持者の多くは彼のＳＮＳ以外は見向きもしない。特定のテレビや新聞を「反対勢力」と決めつけて、敵視政策を勇猛果敢にとりおこない、手柄をＳＮＳでつぶやけばつぶやくほどＳＮＳ帝国の君主の地位は不動のものになるのだそうです。

日本でも異変は進行中

これアメリカの話でしょう？　そうです。しかし、似た異変は形を変えて日本でも起こっています。あるものを「ない」の強弁でメディア対応を済ませてしまう。国民が知りたい問いの中身にはいっさい触れず、「それは本人が決めることでしょう？」、「真摯に対応しますよ」など、空虚な定型句で記者の質問を突っぱねる。そんな政治家が増加しています。選挙演説では、政権幹部が自身の失言の責任を報道機関に転嫁しました。「言葉ひとつ間違えたらすぐ話題になる。私らを落とすなら落としてみろ。マスコミの人だけが選挙を左右するなんて思ったら大間違いだ」と。トランプ大統領よりはソフトですが、報道機関を敵視していることは明らかです。日本の権力者もＳＮＳ帝国に君臨する日が来るのでしょうか。

米国の政治では

- 支持者（フォロワー）の多くは君主のSNS以外は見向きもしない。読みたい、見たいのは、自分にとって好ましい情報だけ。
- 君主は特定のテレビや新聞を「反対勢力」と決めつけて敵視政策を勇猛果敢にとりおこなう。
- 手柄をSNSでつぶやけばつぶやくほど、君主の人気は高まり地位は不動のものになる。

日本ではマスメディア無視政策が進行中

- あるものを「ない」の強弁でメディア対応をすませてしまう。国民が知りたい問いの中身にはいっさい触れない。
- 「それは本人が決めることでしょう?」、「真摯に対応しますよ」など、空虚な定型句で質問を突っぱねる。
- 失言の責任を報道機関の「偏向報道」と転嫁する。

COLUMN 日米ではネット事情が違う

日本でも炎上やデマや根拠のない健康情報など、ネットやSNSのネガティブな側面が話題になりました。しかし、アメリカと日本のネット事情は大きく違っています。アメリカではフェイクニュースと呼ばれる嘘八百のでたらめなニュースが胸をはって堂々と大量にネットに流れています。SNSの投稿内容も、何が、どれが、本当か、多くの人達にとって判断が難しい状況です。

マスメディア×ソーシャルメディアの恐るべき力

力強いマスメディアとネット融合の報道事例

2017年7月9日のフジテレビの番組「新報道2001」で、都議会議員選挙での自由民主党の歴史的な大敗の原因分析が報道されました。それまで何人かの「戦犯」議員の名前が取りざたされ、「THIS　イズ　敗因」の語呂合わせが話題になりました。豊田議員（秘書への暴言等）のT、萩生田議員（加計学園問題）のH、稲田議員（選挙応援演説中の不適切発言）のI、下村議員（政治資金不記載疑惑）のSです。しかし、ビッグデータの分析によれば、最大の敗因は安倍総理がおこなった秋葉原での応援演説だったというのです。

ビッグデータの分析とは、ソーシャルメディアの書き込み数と、ウェブでの名前の検索数の合計で、短い時間ごとに回数をカウントしたものです。萩生田議員は以前からの問題なので別として、豊田議員、稲田議員、下村議員とも事件や疑惑の報道当日、その数はぐんぐん増えました。しかしすぐに減りはじめ、グラフにするとけわしい山のような形でした。豊田議員のピーク時約8万回が最多の数でした。ところが安倍総理が、選挙前日の夕方の応援演説で、激しいヤジに対して「こんな人達に私たちは負けるわけにはいかない」とやり返した発言がネットと放送で伝わると、ネットの書き込み・検索数は急激に上昇し12万回に達したのです。選挙当日もその数は変わりませんでした。書き込み内容は安倍総理の発言に対する批判が多かったとのことです。

番組の中でこんな指摘がありました。「ヤジを飛ばしている特定の団体に所属する人達を安倍総理は『こんな人達』と言ったつもりだったけれど、放送されると、視聴者全体を『こんな人達』と非難しているように聞こえる」。まさにそうだったと思います。ちなみに、私が行うメディアトレーニングでは、記者に対して腹を立てると、視聴者に腹を立てているように見えると教えます。この点については、メディアトレーニングの章で詳しく説明しますが、注意が必要です。

ネットとマスメディアの融合がなければ、このような切り口の報道が、説得性をもって伝えられることはなかったと思います。ほかにも、「保育園落ちた日本死ね」のブログ記事、電通社員であった高橋まつりさんのツイッターのつぶやきなど、マスメディアとネットが一緒に問題を掘り下げ、待機児童、過重労働という深刻な社会問題に対して、国民の意識を高め、政府、自治体に迅速な取り組みを強く促した事例は多数あります。

ネットは不正に対する告発の場にもなっています。企業、団体、自治体、政府、芸能人・有名人の強弁や嘘、不正や隠蔽をあばき、マスメディアの重火器砲の導火線となっています。

マスメディア×ソーシャルメディア

必ずしも覇権を競っているのではない
両者は、協力し融合している
そこに新時代のメディアの実力が見えてくる

本書のテーマのひとつである危機管理広報の観点からいうと、マスコミ批判をしているだけでは何も解決しません。ネットはもうひとつの巨大なマスメディアに成長しています。既存のマスメディアはネットとの融合によりパワーと質をさらに大きく向上させています。

力強いマスメディアとネット融合の報道事例

都議会議員選挙での、自由民主党の歴史的な大敗の原因分析

- マスメディアが、ネットの書き込み数をベースにしたビッグデータを分析し、新たな原因を推測。説得性がある。
- ヤジを飛ばしている特定の団体に所属する人達に対し安倍総理は「こんな人達」と言ったつもりだったけれど、視聴者は「こんな人達」と自分達が非難されているように感じた。

「保育園落ちた日本死ね」のブログ記事
電通社員、高橋まつりさんのツイッターのつぶやき

- マスメディアとネットがいっしょに問題を掘り下げ、待機児童、過重労働という深刻な社会問題に対して、国民の意識を高め、政府、自治体に迅速な取り組みを強く促した。

画像提供：123RF

03

組織における「リスク」とは？

「リスク」の洗い出し

「リスク」とは企業、団体、自治体などの個々の組織にとっての潜在危機のことです。「経営（政策）の問題」、「自然災害」、「事故」、「不祥事」、「ネット炎上」、「風評被害」などはどんな組織でもリスクとしてあげられます。実はこれらはリスクのジャンル名にすぎません。組織が自分達のリスクを評価するためには、それぞれの組織で起こりうるリスクを、細かく具体的に一つひとつ洗い出さなければいけません。

ある企業では、大きく「外部リスク」と「内部リスク」の2つのジャンルに分け、「外部リスク」を「自然災害」、「政治・経済」などいくつかの項目に分類し、それぞれの項目のもとに具体的なリスク名をあげています。例えば「政治・経済」の項目のもとに、「政府・社会の不安定」、「法令・諸規則改変」、「景気後退」、「為替変動」といった具合です。

もうひとつの大枠「内部リスク」は、「戦略」、「事業」、「コンプライアンス」などの項目に分け、「コンプライアンス」の項目に「組織的な不正」、「従業員の不正」、「ハラスメント」、「法令および規制違反」、「機密漏洩」などのリスク名が列挙されています。

別の企業では、「商品の品質管理」というジャンルを設け、その中に「設計ミス」、「製造ミス」、「破損」、「健康問題」、「異物混入」、「不当表示」、「環境問題」などの具体的なリスク名をあげています。

リスクの分類に特別なルールはありません。自分達の組織で起こりうるリスクを細かく具体的に洗い出し、分かりやすく命名し、把握しやすいように分類すれば良いのです。

リスク管理による予防策

リスク管理とは、洗い出したリスクが顕在化して危機にならないよう予防・抑制することです。「リスクマネジメント」と呼ぶ組織もあります。

具体的には、洗い出したリスクの重篤度（深刻さ）を評価し、危機となった場合の損失を予測し、経営に与えるダメージを評価します。これらの評価を通して、発生を抑制しなければならないリスクの重要度順を打ち出すことができます。リスク管理のキモは、リスクの発現予防策を重要度順に策定し、それぞれの予防策を実施に移すことです。策定した計画や措置をまとめた文書は「リスク管理マニュアル」と呼ばれています。

3つの「管理」の違い

多くの組織では、「リスク管理」に加えて「危機管理」と「危機管理広報」を導入しています。これら3つの「管理」の違いをひとことで説明すると以下の通りです。

危機管理	事故や不祥事、風評被害などの危機が発生したとき、危機を制御し損失を最小限にするための活動
危機管理広報	危機が発生した時のメディアや利害関係者に向けた広報的な対応
リスク管理	危機を発生させないための計画や措置

危機管理広報を効果的に実施するためには、リスク管理と危機管理についても概要を知る必要があります。なぜなら、この3つの管理は、それぞれが深くつながっていて、境界線を引くのが難しいからです。3つの管理を同時に実施することによって、どの管理も、効果を発揮するのです。

「管理」の担当部門

危機管理広報を効果的に実施するためには、リスク管理と危機管理についても概要を知る必要があります。なぜなら、この3つの管理は、それぞれが深くつながっていて、境界線を引くのが難しいのです。3つの管理を同時に実施することによって、どの管理も、効果を発揮するのです。

多くの企業には「リスク管理室」などの名称のリスク管理の部署があります。その場合、リスク管理と危機管理は、リスク管理室が担当します。しかし危機管理広報は、広報部署の役割です。リスク管理室がない場合は、リスク管理は社長直属の経営企画部署やCSR部門、危機管理は総務または法務の部署が担当する場合が多いようです。その場合でも、危機管理広報は広報の役割です。

この章では、それぞれの管理の概要と特徴を学び、3つの管理のつながりと、それらの効果的な実施について学びましょう。

なお、本書では、リスク管理と危機管理を担当する部署名を便宜上「リスク管理室」と表記します。また、リスク管理、危機管理、危機管理広報は、企業でも、団体でも、自治体でもほぼ同様に実施されています。時には「企業」あるいは「会社」とだけ書く場合がありますが、人々が集い働くすべての組織にあてはまると考えてください。

04

「リスク」と「危機」は違う

リスクと危機の関係

火災をリスクのひとつとして洗い出した組織は、防火対策をリスク管理の中で策定し、実施します。それでも火災が発生することがあります。それは火災というリスクが発現・顕在化し、「危機」となったのです。時には洗い出していなかったリスクが発現することもあります。想定外の危機の発生です。

危機が発生したときの対応が危機管理です。危機を制御下におさめ、損失の最小化をはかります。危機収束後の円滑な復旧活動もふくまれます。危機管理を「クライシスマネジメント」と呼ぶ組織もあります。英語の場合、危機は「クライシス」といい、「リスク」とは、はじめから異なる概念です。

危機の対応策を文書にしたものが「危機管理マニュアル」です。例えば火災が発生した場合の対応措置として、消防・警察への連絡、社内連絡、避難経路の確保、初期消火、怪我人の対処、家族への連絡、近隣住民避難支援、復旧計画などが詳しく記載されます。

危機管理とリスク管理の違い――アスクルの事例

2017年2月、埼玉県三芳町にあるアスクルの物流倉庫が大規模火災にみまわれました。鎮火にこぎつけたのは火災発生から12日後で、東京ドーム1個分ほどの延べ床面積が焼損しました。

病院に搬送された怪我人は従業員2人だけでした。

報道によると、火災発生直後に、アスクルの社員が消防に通知し、初期消火活動にもあたったようです。(ただ2つの消火器のひとつが壊れていたそうです)アスクルは自治体、消防、警察と共に近隣住民の避難等の対応にもあたり、危機管理の部分は全体的には機能したと言えます。

一方、リスク管理、すなわち防火対策の方はどうでしょう? 原因調査が進むにつれて、さまざまな問題が明らかになりました。倉庫にはスプリンクラーをつけなくても消防法に触れないという判断で500人もの従業員が働く倉庫の天井の大部分にスプリンクラーを取りつけませんでした。窓が極端に少ない構造の建物で外からの水の注入が難しかったのです。また、2、3階にある防火シャッターの約6割が電気配線のショートや障害物で正常に閉まりませんでした。さらに、大量のスプレー缶が違法に貯蔵されていて、火の勢いを強めました。防火対策ではないですが、個人向けネット通販事業のかなりの部分がこの物流倉庫ひとつを通して展開されていたため、個人向け事業の大停滞を招いたともいわれます。アスクル倉庫火災のケースでは、さまざまなリスク管理の失敗が膨大な損失を招いたのです。

04 「リスク」と「危機」は違う

リスク	危機
英語でも「risk（リスク）」。危険性、危険要因、何かが起きるかもしれない恐れ、というような意味	英語では「crisis（クライシス）」という。危機、恐慌、重大局面，決定的段階というような意味
「リスク」とは企業、団体、自治体などの個々の組織にとっての潜在危機。「コンプライアンス」のジャンルでは「組織的な不正」、「従業員の不正」、「ハラスメント」、「企業倫理違反」、「社会規範違反」、「法令および規制違反」、「機密漏洩」、「独禁法・公取法違反」、「輸出管理の問題」など	これらのリスクが実際に顕在化（事件や事故として発生する）と危機となる。想定外のリスクが発現しても、もちろん危機。危機の発生と対応時を多くの企業は「緊急時」と呼ぶ
「リスク管理」は、危機を発生させないための計画や措置	「危機管理」は、危機が発生したとき、危機を制御し損失を最小限にするための計画と活動

例：企業所有の建物における大規模火災

リスク管理	危機管理
▶防火対策 ● スプリンクラー、防火シャッター、消火器などの設置 ● 上記の定期的な作動点検 ● 建物の構造（消火可能な造り） ● 可燃物を違法に貯蔵しない ● ひとつの倉庫に1事業を集中させない など	▶火災発生後の対応策 ● 消防・警察への連絡 ● 社内連絡・家族への連絡 ● 避難経路の確保 ● 初期消火 ● 怪我人の対処 ● 近隣住民避難支援 など

05

取り組むべきは「リスク管理」？「危機管理」？

どこからはじめる？

危機管理広報のコンサルティングをしていると「うちの会社では、危機管理広報どころか、リスク管理も危機管理も、まったく手つかずです。一気にやるというのは予算や人員の問題で無理です。リスク管理からはじめるのが常道でしょうか？」というような質問を時々受けます。

私の回答は昔から同じです。「どちらが先かなどと考えないで、まずは起こりそうで深刻な問題をひとつ取り上げ、どうやれば防げそうか、防げないにしてもどうやれば損失を軽減できそうかを検討し、次に、それでも起こったら、どう対応すれば、会社にとっても社会にとってもいちばん良いかを策定してみることからはじめられてはいかがですか？」

リスクの種類によっては、リスクの根本的な管理がむずかしく、主要な対応策が危機管理となる場合があります。地震などの自然災害はその典型です。地震発生の予防ができればノーベル賞ものですね。しかし、発生した場合を想定し、従業員と近隣住民の安全確保を最優先とし、物的被害を低減するための行動計画を作成し、発生時に確実に実施できる体制を整えることはできます。これは危機管理です。

とはいえ、自然災害でもリスク管理の出番が皆無というわけではありません。本社ビルの耐震度を規制より大きく高め、その結果、まわりのビルは軒並み倒壊したのに、本社ビルだけはびくともしなかったというケースがあったとすれば、リスク管理の成功といえます。そんなことができるリッチな企業に勤めていなくても、私たちは職場に震災グッズを備えたり、家庭で使うような地震つっ張り棒でささやかながら安全強化を図れるかもしれません。これらも立派なリスク管理だと思います。そして何より大切なことは、定期的な防災訓練です。

事業継続計画で特別なケースの対応策を考える

自然災害、ウイルス感染、サイバーとリアル世界のテロ攻撃などについては、リスク管理、危機管理とは別な特別扱いをする場合があります。その代表格は、ＢＣＰと呼ばれる「事業継続計画」です。事業継続という観点から見て導入すべき対策が重要度順に決められます。それがリスク管理であるか、危機管理であるかは、二の次です。

会社のサーバーのバックアップ体制を万全なものとするために、札幌と東京と沖縄とハワイの４カ所にデータセンターを置く。また、製造ラインを止めないために、重要な部品の調達先を、１社１工場から数社・数工場に変更する。これらの措置はリスク管理なのか危機管理なのか、分類してみたところで意味はありません。

まずは潜在的な問題を見つける

- どちらが先か、どちらの方がより大事かなどと考えないで、起こりそうで深刻な問題（リスク）をひとつ取り上げ、防止と減災、顕在化した場合の対策を考えることからはじめる
- 自然災害、ウイルス感染、サイバーとリアル世界のテロ攻撃などについては、リスク管理、危機管理とは別な特別扱いをする場合がある。その代表格は、BCPと呼ばれる「事業継続計画」
- 事業継続という観点から見て導入すべき対策を重要度順に決める。リスク管理であるか、危機管理であるかは、二の次
- 全体的なリスク管理、危機管理を予算などの制限で一度に導入できない場合、不祥事や事件の対応についても、起こりそうで重篤なものをひとつ選び、BCP的な発想で対応策を考えてみる

「事業継続」の観点で導入すべき対策を考える

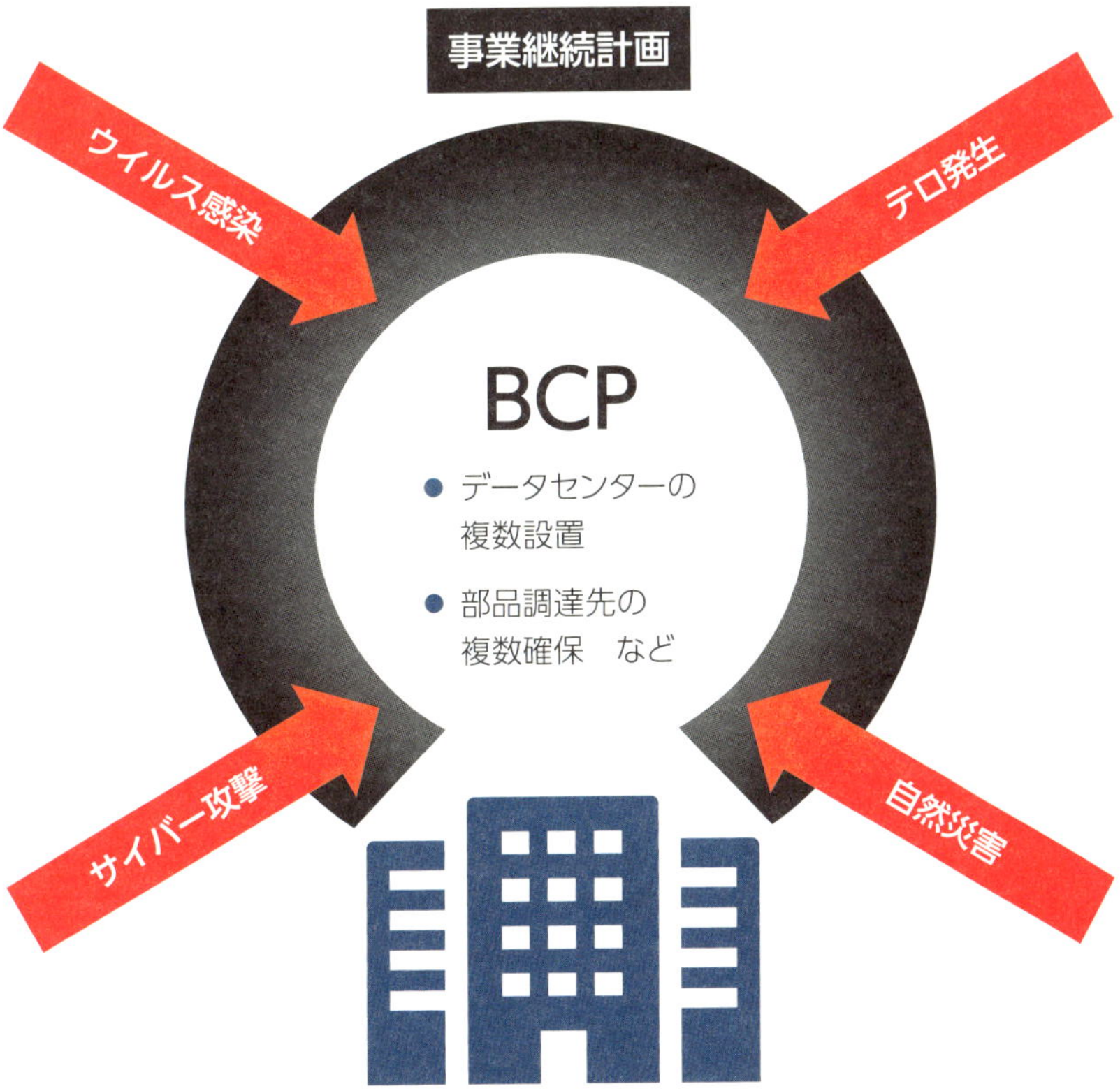

全社員で取り組む、新時代の危機管理広報

06

個人の発言の影響力

危機管理広報とは、企業・団体・自治体など、あらゆる組織で発生する「危機」への広報的な対応のことです。ＳＮＳなどを通して個人が社会に直接発言できる現在、各組織で「危機管理広報」の大きな見直しが求められています。

２０１６年暮れに大手広告会社・電通を震撼させた過労自殺問題は、同年9月に労働基準監督署が高橋まつりさんの自殺を「労災」と認定したことがきっかけで広く報道されました。しかし、電通の違法な長時間労働を凶悪な社会問題としてあぶり出したのは、高橋さんが、亡くなる2カ月ほど前からツイッターに投稿し続けていた数々の生々しいつぶやきでした。一人の若い女性のつぶやきが、広告業界のガリバーの名声をあっという間に崩壊させてしまったのです。

高橋さんのつぶやきは、電通だけでなく過重労働を見過ごしてきた日本中の企業を窮地に追い込みました。労働局を勢いづかせ、政府全体を動かし、長年の悪習を改善に導く灯火となりました。働く者としては高橋さんのつぶやきに感謝すべきです。しかし、企業としては、日本全体に蔓延している悪習の代表者として、自社の名声を地に落とすような事態は避けたいと思うのが当然です。

ＳＮＳ時代の危機管理広報に必要なことは?

ＳＮＳ時代に求められる危機管理広報とはどんなものでしょう? それは、ネットとマスメディアとの関係に注意を払うことです。この2つはいまや切っても切れない関係を築いています。ネット炎上はマスメディアの格好の取材ネタですし、逆にマスメディア発の一部の報道は、時にネットで大炎上を引き起こします。伝統的な危機管理広報のテーマのひとつはマスメディア対応でしたが、今やそれだけでは不十分なのです。

まずやるべきことはネット記事やＳＮＳのモニタリングです。中でもソーシャルメディア上の評判を収集し、調査・分析する「ソーシャルリスニング」を炎上対策や消費者の声として活用する企業が増えています。そんなサービスを導入する予算はないという企業では、「ＭｅｄｉａＢｏｒｄｅｒ」などのネットマガジンの数々の記事を参考にしてみてはいかがでしょうか? ネットの書き込み数と関連するテレビ番組数などのナマのデータを使い、ＳＮＳ時代の危機管理広報の重要性、心構え、ヒントなどを圧倒的な説得力で示してくれると思います。

06 なぜ「全社員」なのか

全社員で取り組む新時代の危機管理広報

危機管理広報

危機が発生した時のメディアや利害関係者に向けた広報的な対応。

「メディア」の変化

SNSなどを通して個人が社会に直接発言できる時代。組織としてメディアに発表せずとも、社員や第3者がSNSで発信する可能性は大いにある。
そして、ネットとマスメディアは、いまや切っても切れない関係を築いている。ネット炎上はマスメディアの格好の取材ネタ、逆にマスメディア発の一部の報道は、時にネットで大炎上を引き起こす。

↓

各組織において、全社員に「危機管理広報」に対する認識を持ってもらわなければならない

最近の例

電通の過労自殺問題では、高橋まつりさんのツイッター投稿が、広告業界のガリバーの名声を崩壊させた。そのつぶやきは、労働局を勢いづかせ、政府全体を動かし、長年の悪習を改善に導く灯火となった。

まず危機管理広報担当者としてできること

SNS時代に求められる危機管理広報として、まずやるべきことはネット記事やSNSのモニタリング。中でもソーシャルメディア上の評判を収集し、調査・分析する「ソーシャルリスニング」を炎上対策や消費者の声として活用する企業が増えている。

そんなサービスを導入する予算はないという企業では、「MediaBorder」などのネットマガジンの数々の記事を参考にするのがよい。ネットの書き込み数と関連するテレビ番組数などのナマのデータを使うことで、SNS時代の危機管理広報の重要性、心構え、ヒントなどを圧倒的な説得力で示してくれる。

子会社・関連会社を多数もつ企業や官庁の危機管理広報体制

07

危機管理広報を実施する部門を明確にする

本書では一般的な企業や団体のあるべき危機管理広報体制をベースにして話を進めていきます。ただし、この体制そのものはどんな組織にも当てはまるわけではありません。

多くの大企業は子会社や関連会社を所有しています。昨今の危機の報道を見ると、子会社の不祥事の広報対応を本社が行い、まるで本社そのものの不祥事のように大きく報道されるケースが少なくありません。あるいは、通常の広報活動は子会社・関連会社に任せているのに、危機管理広報をどちらがやるかについては、場当たり的なケースが少なくないように思えます。

私が20年間ほど日本でPRの支援を担当した航空機エンジンメーカーのプラット・アンド・ホイットニー（P&W）はやり方が違いました。P&Wは多国籍複合企業であるユナイテッド・テクノロジーズ（UTC）の1事業部門です。子会社でさえありません。しかし、P&Wに関わるメディア対応は危機管理広報であってもP&Wの広報が行うと明確に定められていました。UTCとしては、事業部門の危機は事業部門に対応させて、危機報道はできるだけUTC本体と切り離した方が得策だと判断しているのだと思います。

また、中央省庁では、ニュースリリースは、各部署が担当し、連絡先として担当部署の担当者名が記載されることが多くあります。

メディアは記載された担当者に直接問い合わせをするので、省庁の各部署が直接メディア対応をしていることになります。

危機管理広報についても基本的に同じです。大臣官房の指示に従って担当の部署が主体となって記者会見を含む危機管理広報を実施します。広報室の役割は各部署に対するコンサルティングと支援です。

中央省庁では、すべての部署に代わって広報室がメディア対応を行うことは、事実上不可能です。たとえば経済産業省では、通商、貿易、産業、製造、エネルギー、特許、中小企業など、膨大な分野の政策や監督業務を実施しています。大臣官房から指示があれば記者会見でスポークスパーソンを務めることになる課長だけでも2百名ほどいると聞いています。

日本でも、世界中に進出する多国籍企業や多数の子会社を持つ企業が増えるかもしれません。危機管理広報を正しく行うには、各企業や団体・官庁が、それぞれの組織形態に最適の体制と手順を検討して導入しなければいけません。もちろん、実施する危機管理広報の内容そのものは、どんな組織であれ大きく変わりません。

巻末に、組織の各部署と広報部の危機対応のチェックリストをつけましたので、活用してください。

一般的な企業・団体の危機管理広報体制（広報部が中心）

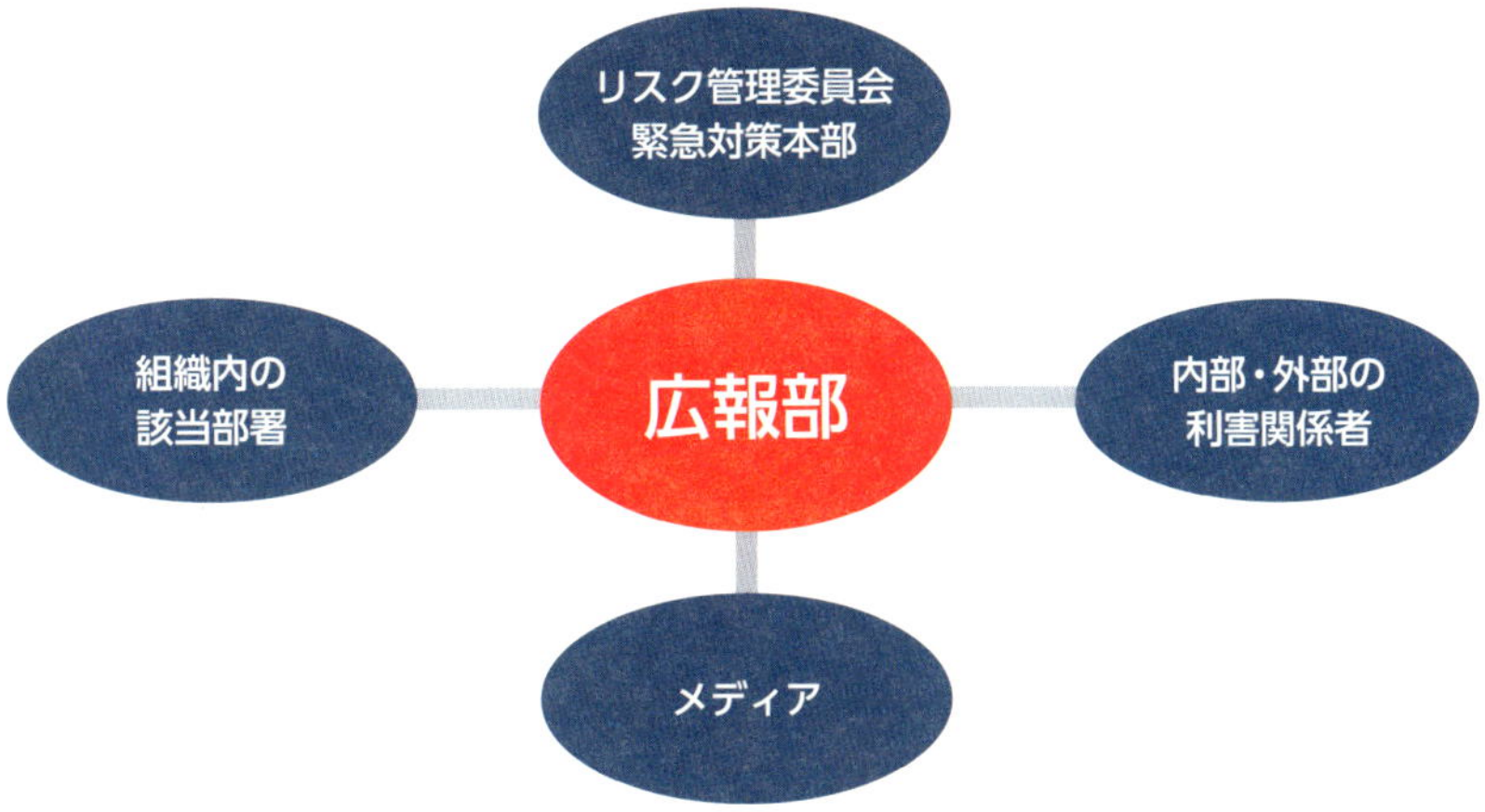

子会社を多数所有する企業、多国籍企業、複合企業、官庁などの危機管理広報体制

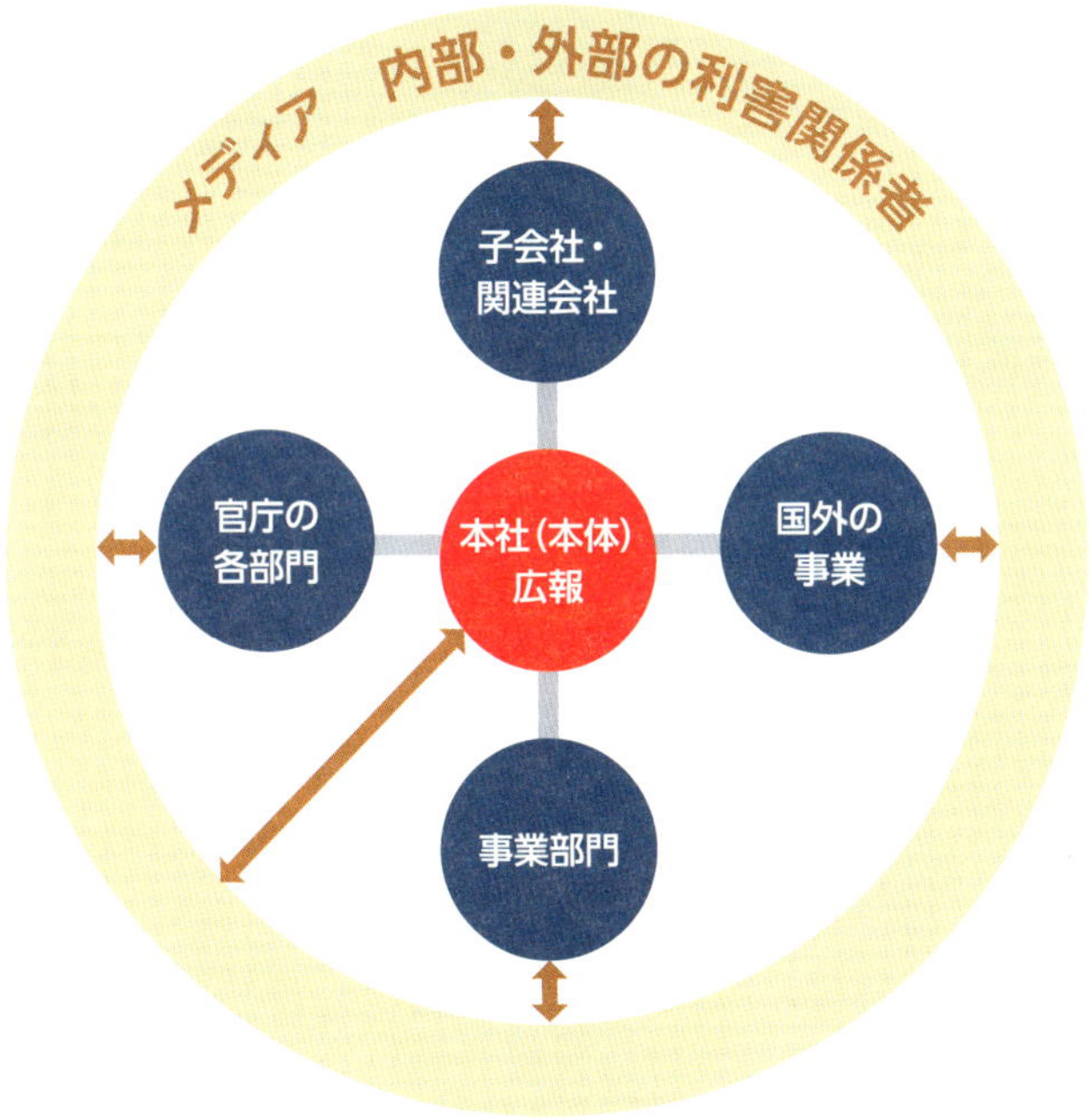

どの組織が主体となって危機管理広報を実施するべきか、場当たり的な対応でなく、最適な体制を検討し、決定しておくべきである。

第2章

危機が発生する前に

事前の備えを強化する

01 自社のリスクを洗い出してみる

業種別の発生しやすいリスク

自社のリスクを洗い出すには、自社の業種からアプローチするのもひとつの方法です。なぜなら業種特有の高いリスクがあるからです。

総務省統計局のデータによれば、日本で就業者数が最も多い職種は製造業と卸・小売業です。次に、医療・福祉業、建設業、宿泊・飲食サービス業、運輸業と続きます。その他に、教育・学習支援業、生活関連サービス・娯楽業、学術研究、専門・技術サービス業、金融・保険業、不動産業・物品賃貸業などと分類されています。

製造業で発生しやすいリスクとしては、労働災害、製品の補修・回収・交換、原材料・部品の供給途絶など、卸・小売業では、配送時の事故、配送中の商品の破損、来店客のケガ、盗難、売掛金の回収不能、返品・売れ残りなどがあげられます。

業種別の発生確率が高いリスクは、次ページの一覧表をご覧ください。

どんな業種にもあてはまるリスク

ほぼどんな業種でも問題となるリスクがあります。大きくは、外部リスクと内部リスクに分類できます。

外部リスクのトップは災害です。昔から恐れられている地震、雷、火事。他に台風、水害、津波、雪害、火山の爆発など。近年ではサイバーテロとそれが原因の情報漏洩、リアルの世界でのテロ、感染症などです。この他の外部リスクには事業環境のリスクがあります。景気、経済、為替などの変動、原材料や部品の供給不足、海外の政情不安などです。強力な技術や資本を備えたライバルの出現も外部リスクといえます。炎上などのネットリスクは、原因を作ったとすれば、内部リスクですが、炎上は普通予想外の出来事なので外部リスクといえるかもしれません。ブラック企業などの「焼き印」を押されてしまう風評は外部リスクです。

内部リスクは、経営・戦略（自治体の場合政策）の失敗、人材・資金不足、労働争議、労災、パワハラ、セクハラ、労働基準法違反などです。加えて、「事件・事故・不法行為」の枠で報道されるさまざまなリスクがあります。例えば横領、詐欺などの違法行為、火災、交通事故、HP・情報・予約システムの停止などです。

自社のリスクを洗い出すには、一覧をつくり、中でも自社にとって特に高いと考えられるリスクを絞り込んで、重篤度順に並べ替えるのがよいでしょう。

01 考えられるリスク一覧

業種別の高リスク（どんな業種にもあてはまるリスクは除く）	
製造業（特に製造現場）	火災・爆発、製品の補修・回収・交換、有害物質の漏出、土壌・地下水汚染、ユーザーからのクレーム、製造物責任（特にアメリカ向け輸出品）、技術の陳腐化、原材料・部品の供給途絶、納期遅延、返品、売掛金の回収不能、為替差損
卸・小売業	配送時事故、配送中の商品の破損、来店客のケガ、盗難、不良品の販売・回収、クレーム、返品・売れ残り
医療・福祉業	院内感染、誤診・治療ミス・誤った医薬品の処方、給食による食中毒、施設内での転倒・転落・衝突によるケガ、インフラ停止による治療の中止、スタッフによる入居者のいじめ・致死
建設業	労働災害、交通事故、工事の対象物等の損害、建設機械の損害、工事中の第三者への加害・環境破壊、工事の完成遅延、工事対象物の手直し・補修、発注者の代金不払い、下請業者の倒産、資材・労賃の高騰
宿泊・飲食サービス業	宿泊・来店客の食中毒、施設内での転倒・急病、クレーム、盗難被害、ガス中毒、プール・浴室での水死、送迎用バス事故、災害の影響による営業不振
運輸業	交通事故、脱線・衝突などの事故・遅延、航空機事故、路線・架線などの施設の故障、利用客の怪我・急病、利用客の危険物持ち込み、利用客の暴力・痴漢行為、人身事故、道路の渋滞、燃費などのコストの高騰、予約システムの故障
教育・学習支援業	園児・生徒・学生・職員の怪我・死亡、ケンカ、いじめ、体罰、給食による食中毒、遠足などでの交通事故、モンスターペアレント
情報通信業	個人情報流出、不透明な規制動向、顧客からのクレーム、顧客価値に対する理解の欠如、技術の陳腐化、イノベーションへの取り組み不足
金融業・保険業	債権の回収ができない状態に陥るなどの信用リスク、低金利・為替変動など市場リスク、戦略・営業・事務・システムなどのオペレーションリスク、金融規制の見直し

ほぼどんな業種にもあてはまる外部リスク	
災害リスク	**事業環境リスク**
地震、雷、火事、台風、水害、津波、雪害、火山の爆発、サイバーテロとそれが原因の情報漏洩、リアルの世界でのテロ、感染症など。	景気、経済、為替などの変動、原材料や部品の供給不足、海外の政情不安、強力な技術や資本を備えたライバルの出現、炎上などのネットリスク、風説リスク

ほぼどんな業種にもあてはまる内部リスク	
経営・戦略（自治体の場合政策）の失敗	商品開発・投入時期・マーケティング、人材確保、人材流出、海外進出、企業買収、株主代表訴訟・株主損害訴訟
財務の失敗	資金確保、金融投資、取引先倒産（貸し倒れ）賠償
労務の失敗	労働争議、セクハラ・パワハラ、メンタルな病気、労働基準法違反（過重労働・過労死など）、労災、残業代不払い、不当解雇
コンプライアンス	違法行為（横領・詐欺など）、独占禁止法違反（カルテル・不公正な取引など）、知的財産侵害、商品などの虚偽表示、粉飾決算
過失	作業ミス、さまざまな機器・情報システムなどの誤操作、データ誤入力、誤配布・配信、紛失、情報漏洩
犯罪	横領、詐欺、脅迫、暴力・破壊行為、意図的な情報漏洩、情報窃盗、盗聴・盗撮、風説流布
事故	設備・施設の故障、交通事故、航空機事故、船舶や貨物の輸送中事故、停電などインフラの停止、情報システム障害

02 危機に強い体制を整える

危機対応には3つの柱が必要

企業・団体・自治体などで危機に強い体制を整えるには「危機対応の3つの柱」を立てることが重要です。1柱目は危機対応組織、2柱目は危機報告システム、最後の柱はトップ、役員も含む組織の全従業者に、職場で働きだしたその日から、「自分の組織を長く健全に保つには危機を起こさないことが何より大切だ」という意識を持ってもらうことです。

1柱目の危機対応組織は、「リスク管理委員会」と「緊急対策本部」の2つの組織の設置と「危機管理広報体制」の構築です。リスク管理委員会はリスクと危機の対応全体を管理する常設の組織です。通常、代表取締役の社長または会長がリスク管理委員長を務め、全役員、全部署・関連会社の代表が参加します。リスク管理担当の役員が任命されている場合は、その下にリスク管理室が設けられ、事務局と日常の危機管理業務を担当します。リスク管理室がない場合は、経営企画またはCSR部門に事務局が置かれる場合が多いです。

緊急対策本部は、発生した危機に直接対応する一時的な組織です。トップは社長が務め、リスク管理室、法務、総務、広報などの他は、発生した危機に直接関係がある部署、役員・社員だけが参加します。

危機管理広報は、広報部の役割です。平時はPR的なメディア対応や社内広報に主軸を置いて活動する広報部ですが、危機が発生した場合、取材に押しかけてくるメディアだけでなく、社内・社外の利害関係者に対するコミュニケーションも担当しなければなりません。本書は危機管理広報の体制構築について、詳しく述べています。

2柱目の、危機報告システムの構築と正しい運用は非常に大切です。どんなにすばらしい危機対応組織を設置しても、製造現場、子会社、さらには本社内であっても、リスク管理委員会にただちに正確な報告がない限り、組織は動きだせません。あるいは間違った方向に動いてしまいます。

3柱目は、トップ、役員も含む、組織の全従業者に、危機は起こしてはならないという強い意識を植え付けることです。そのためには、組織の全員に向けた「危機予防実践活動」を実施すべきです。災害演習は、多くの組織で全従業員を対象にして毎年実施されています。同様に、危機管理広報の演習を、トップと経営層から若手社員まで全社員を対象にして定期的に実施するべきです。

危機対応の3つの柱を立てる

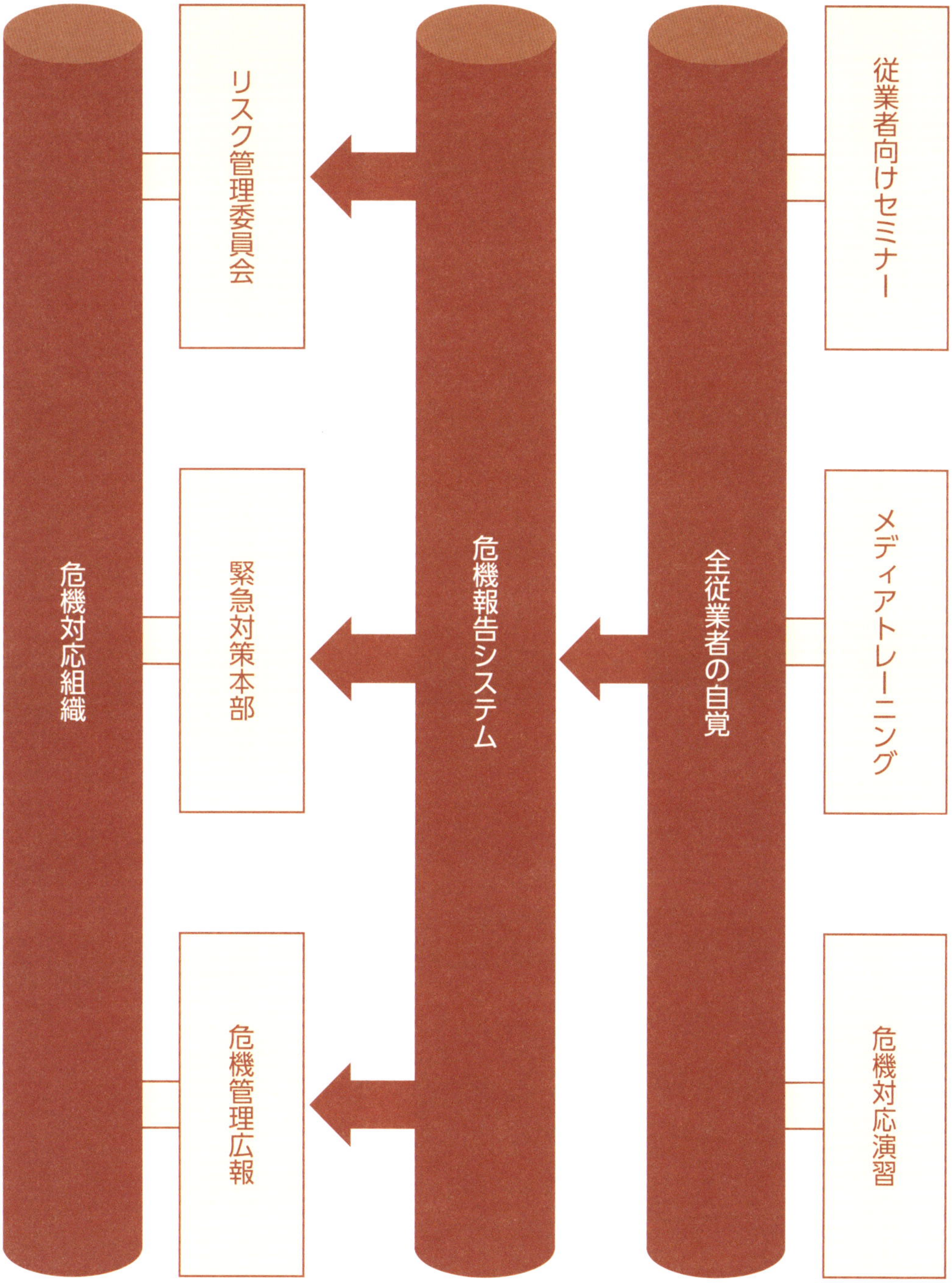

03

危機管理広報マニュアルを作る

危機管理広報マニュアルとは

「危機管理広報マニュアル」に記載されるのは、メディアや利害関係者への対応だけではありません。危機発生第一報を受けた後の社内連絡、危機管理対応方針の策定、危機の報道重篤度の評価など、日頃頭に入れておかなければならないことと、危機が発生したときの初期対応から収束までの手順が、詳しく記載されます。マニュアルに必要な項目は左ページの図に整理しました。

危機発生時の連絡手順を明記し大混乱を防ぐ

私の経験では、「危機発生、大至急来社してください」の要請で馳せ参じて話を聞いたあと、ほぼ7割のケースで、「このことをいま知っているのは社長と2人の役員と危機発生当該部の部長と顧問弁護士だけです。守秘義務の遵守をお願いします」などと要請されます。ことが深刻であればあるほど、広報やリスク管理室のスタッフには、最後の最後まで何も知らされません。しかし「危機」は発覚します。最近では、内部通報より、メディアや監督官庁への外部告発が発覚の原因となることが多いといわれています。発覚後のメディアの取材はまるで奇襲です。何も知らされていない広報やリスク管理室は大混乱となります。

この事態を防ぐためにも、危機管理や危機管理広報マニュアルには危機発生時の連絡手順が記載されているべきです。いくつかの企業では、危機アラートメールのシステムを構築しています。どんな小さな危機であれ、危機の芽であれ、登録者は全員ただちにアラートメールで報告するよう義務づけられています。

アラートの宛先は4つのレベルに分けられています。①平社員と課長、②平社員・課長・部長、③平社員・課長・部長・役員、④平社員・課長・部長・役員・社長です。自分の判断で送り先のレベルを選択できますが、誰がどのレベルを選択しても、平社員と課長は、アラートを受け取るのです。これにより、実働部隊は、危機の状況を事前に把握できる機会が増え、効果的に動けるというわけです。トップや役員は、危機の隠蔽がやりにくくなります。

このように、危機管理マニュアルや危機管理広報マニュアルは、担当者を守り、危機の隠蔽を防ぎ、組織が大きな危機にまきこまれて大混乱する事態の軽減に威力を発揮します。

03 危機管理広報マニュアルに必要な項目

はじめに

- 危機管理広報マニュアルで使う用語の定義
- 危機の報道リスクランキングの策定
  危機の報道の重篤さの予想を一覧表にしたものです。損失の大きさ順であるリスクランキングとは一致しません。地震で大損害を受けてもネガティブに報道されるリスクは大きくありません。経営者が共謀して企業に損害を与えた場合、損失額は地震の被害よりはるかに小さくても、報道リスクランキングは高くなります。
- 危機を発生させないための取り組み

初動対応

- 危機の情報収集
- 社内連絡
- ホールディングコメントを使ったメディア対応
- 状況報告書の作成
- 危機管理広報対応方針の策定と承認の取得

危機広報対応の準備（1）

- 危機管理広報実施計画の作成
- ニュースリリース
- キーメッセージ
- Q&A

危機広報対応の準備（2）

- 危機管理広報メディア対応計画の作成
- 危機管理広報内部・外部対応計画の作成と、外部・内部の担当の確認

危機管理広報対応の実施（1）

- 電話対応
- 個別インタビュー対応
- ニュースリリース対応
- 記者会見対応

危機管理広報対応の実施（2）

- お詫び広告の掲載
- 臨時サイトへの切り替え
- 報道モニタリングと論調分析
- 誤報対応

危機管理広報対応の実施（3）

- 収束活動
- 教育・訓練
- 危機管理広報マニュアルの見直し・改訂
- イメージ回復への取り組み

04

マニュアルで見落としがちな「危機を発生させないための取り組み」

させるためには、危機を起こさないことが何より大切だとの自覚を一人ひとりに持ってもらうことです。そのために、組織の全員に向けた危機管理広報の演習やセミナーなどの手段を使います。

A社では、年に2回、リスク管理室、広報、総務、法務からの選抜社員約30人が大会議室に集合し、丸1日の研修会を開いています。部長、課長も参加しますが、ほとんどは20代、30代の若手社員です。もう10年ほど続いています。

この研修会では、最初にリスク管理部門の担当者から、A社が直面するリスク、あるいは新規に加えられたリスクについての話があります。次に、研修会の担当者がそのリスクの「発現・危機発生」のシナリオを10分ほどで作り、発表。危機管理と危機管理広報のマニュアルを参考にして、全員がただちに自分がやるべき危機対応活動の演習をはじめます。締めくくりは模擬記者会見です。

こういった研修会は「クライシス・ドリル（危機演習）」と呼ばれており、トップ以下のほとんどの経営陣が参加して年に1度実施する外資系の会社は数多くあります。A社のユニークな点は、実働部隊が年に2回も「ドリル」をすることです。全社意識改革の出発点として効果は抜群です。

「危機を発生させないための取り組み」は可能？

この時代に何よりも求められる危機管理広報は、対処療法ではなく「原因療法」です。それは、これまで危機管理広報の役割のひとつとされながら軽視されてきたことです。私は職業柄、多くの会社・団体の危機管理広報のマニュアルを見てきましたが、どのマニュアルにも、危機発生時の対応手順に加えて、「危機を発生させないための取り組み」は記載されています。しかし、どこであれ実際の活動はほとんどされておらず、かけ声倒れになっているのではないかと思います。実は、これが一番大事なのですが。

なぜおろそかにされるかというと「危機を発生させないための取り組み」は難しいと考えてしまうからです。「社内に諜報部を作るわけにもいかないので、風通しを良くすることくらいしか方法はないのでは？」、「悩みや内部告発の、第三者機関の受け皿を開設したが、どこまで利用してもらえるものやら…」などの声をよく聞きます。そのような取り組みも大切ですが、もっと簡単で、しかも成果があがる方法があると私は考えています。

全社員の意識改革を進めるには？

それは、社員・職員、他の従業員、役員の一人ひとりの意識改革です。職場で働きだしたその日から、自分の組織を長く健全に持続

01 危機管理広報の社内演習の例

開催	年に2回
対象	リスク管理室、広報、総務、法務からの選抜社員約30名
内容	①リスク管理部門の担当者から、直面するリスク、新規リスクについて共有 ②研修担当者が、そのリスクの「発現・危機発生」のシナリオを作成 ③全員が、ただちに自分がやるべき危機対応活動を挙げて演習 ④模擬記者会見

COLUMN 危機管理広報のマニュアルの重要度は、リスク管理・危機管理のマニュアルより低い？

私のコンサルタントとしての経験では、リスク管理と危機管理のマニュアルは整備されているけれど、危機管理広報のマニュアルはない企業や団体が多くありました。それらの企業にはもちろん広報の部署はあって、ニュースリリースを発表したり、さまざまなプロモーション活動でメディア対応の活動を担っています。社内向けの広報も実施しています。

なぜ危機管理広報マニュアルがないのかを聞いてみると、「必要性は感じているが、ついつい後回しになって、結局いつになっても作成されない」という答えと「うちでは危機管理広報は危機管理の一部であるとの位置づけがされており、緊急時は危機管理の長が陣頭指揮をとり、私たち広報は危機管理のチームの指示に従って広報活動を実施することになっているので、広報として独自の危機管理広報マニュアルの必要性は感じておりません」の2種類に分けられました。共通点は、危機管理広報はリスク管理や危機管理に従属し、重要度は低いとの考えです。

これは大きな間違いです。重要度の比較という考え方自体が間違っています。なぜなら危機は一つひとつ形も内容も進展も規模もすべてが違うのです。3つの危機管理を総動員して対応するべきなのは当然ですが、さまざまな危機対応の失敗事例を見てみると、失敗の最大の原因が危機管理広報であったと考えられるケースも少なくないのです。

最近の事例をあげると、三菱自動車の燃費偽装問題、ベネッセ個人情報流出事件、電通過労死問題は危機管理広報の失敗が大きかったと思います。電通の場合はメディア対応の失敗というよりは内部広報の失敗です。これが社員のモチベーションを下げ、外圧を目的とする外部告発を活性化させたと分析する記事がいくつも発表されています。

ちなみに、アスクルの物流倉庫火災はリスク管理の失敗、東芝の不正会計に端を発するさまざまな問題は危機管理が壊れたブレーキのように作動しなかったことによります。このように危機対応失敗の最大の原因はさまざまなのです。

危機管理広報マニュアルは、他の2つの管理マニュアルと同等に大切です。3つのうちのひとつでも欠けていると、組織を危機から守るシステムが機能しないのです。

05 全社員に徹底！ネット利用3つの掟

①サイバー攻撃：最新の情報を把握し、対策ソフト等を最新に保つ

昨今、多くの企業や団体、自治体が「リスク管理」「危機管理」「危機管理広報」の3つのマニュアルに加えて、「SNSの利用規定」、「ソーシャルメディア利用規定」、「ネット炎上対策」、「ネット運用ガイドライン」など、名前はさまざまですが、ネット利用に関する管理規定を導入しています。

ネット危機には、いくつかの種類があります。まず、サイバー攻撃に代表される悪意を持った第三者からの攻撃があげられます。ネットを使った窃盗であり、破壊活動です。2017年はワナクライと呼ばれる、ネットにつながっているだけで勝手にファイルを暗号化し身代金を要求するウイルスの攻撃が話題になりました。病院などのシステム障害、自動車メーカーの操業一時停止などを世界中で引き起こしました。

サイバー攻撃は、ネット管理者の問題であることは事実ですが、従業員一人ひとりの注意によって被害の軽減が図れることは広く報道されているとおりです。メールの添付を不用意に開かない、ネット検索ではサイトを開く前に注意を払うなどです。もっともワナクライの場合は利用するソフトを会社が常に最新バージョンに保つことが必要で、従業員の努力だけでは防げないそうです。ともあれ、広報部としては、社員向けの内部広報の一環として、サイバー攻撃に対する注意を呼びかけることが大切だと思います。

②ソーシャルメディア：仕事に関する投稿は上司や広報担当に相談してから

2つ目は、危機に陥らないためのSNSを含むソーシャルメディアの利用規定です。企業によっては、全面的な利用禁止を打ち出しているところもあります。しかし、これは従業員に対する勤務時間外の不当な行動制約になりかねず、問題がありそうです。それに社員一人ひとりのソーシャルメディアでの活動を会社が把握することは不可能です。ところが、勤務時間中に使わなくても、勤務先と関係のないテーマであっても、匿名であっても、炎上した場合、「ネット民」と呼ばれるネット情報の探偵団みたいな人達が自主活動を始めて、炎上を起こした人の勤務先まで暴きだすケースが頻発します。

ソーシャルメディア利用規定には、他の人達に迷惑をかけないようなルールや倫理をしっかりと記入し、遵守するよう働きかけることが大切です。自社の活動や、その中での自分の仕事ぶりなど、本人は勤務先のPRのつもりで書いていても、時に思わぬ落とし穴がありますので、仕事のことについて書くときは、広報に相談するくらいのルールが必要だと思います。炎上を防ぐためのヒントや約束事も記載する必要があります。上目線でモノをいわない、批判をするときは充分な注意を払う、ネガティブなことはなるべく言わない、武

勇伝やことさらな自慢はしない、など、みんな頭の中では分かっていても、投稿中は忘れてしまうものです。常にリマインドさせるための内部広報活動が必要です。

新卒の場合、採用活動中にネット活動を採用企業が参考にすることがあります。積極性、社会参加、フォロワーの数、投稿内容などについてです。ネット活動をほめられて採用されると成功体験が忘れられず、自分の仕事をこと細かく書いて投稿し問題を起こす人が少なくないといわれています。

③ネット炎上：兆しがあれば大至急、謝罪する

サイバー攻撃とソーシャルメディア利用規定は、リスク管理の一部であるかもしれません。危機管理は、炎上が起きた時の対応です。

炎上対応については、無数のアドバイスが、ネット自体にたくさん投稿されています。時と場合、内容次第ですが、私が考える重要なポイントは、もしツイッターで炎上の兆しがあれば、大至急、ツイッターで謝罪することです。言い訳をしてはいけません。それは自己否定ではないかといわれるかもしれませんが、問題は自分の認識ではなく、相手の受け取り方です。相手の心証を害したのですから、その点を謝罪し、言い訳ではなく、自分にできる対応をきちっと明記すべきです。火に油をそそぐ対応ではいけません。

先述のとおり、大炎上になれば、会社の業務とは一切関係のない話題でも、ネット民の捜査が入ります。企業などの組織に所属するあなたとしては、炎上の兆しに出会ったら、広報に相談することがなにより大切です。広報もそのような相談に、きちっと支援できる体制や技術を磨くことが必要です。

05 全社員に徹底！ ネット利用3つの掟

1 サイバー攻撃
最新の情報を把握し、「大丈夫かな」の油断をなくす

2 ソーシャルメディア
仕事に関する投稿は上司や広報担当に相談してから

3 ネット炎上
兆しがあれば大至急、謝罪する

第3章

危機が発生したら

①

危機発生時にこなすべき
14のTo Do

30分後

リスク管理室と広報で状況把握に努める。現場到着のリスク管理室部員から第一報。死傷者多数。広報部員が「危機管理広報対応方針」、リスク管理室の部員が「危機管理対応方針」の作成を開始。事態は重篤なので、両部長がただちにリスク管理担当役員に会い、口頭で緊急対策本部の立ち上げを要請。承認を受ける。両対応方針は完成直後に緊急対策本部の決裁を受け、危機対応が正式に開始される。続いて危機管理広報実施計画を作成。承認される。

40分後から60分後

ニュースリリース、Q & A、キーメッセージなどの資料作成を開始

1時間後から3時間後

問い合わせてきたメディアに対して、返事の電話を入れる。作成した資料をベースに情報提供。さらに3時間後に記者会見を行う方針を伝える。電話によるメディア対応継続。記者会見の準備。社長が話し手を務める。冒頭スピーチなどを準備。他の部員は、記者会見の案内、会場設営など開始。内部・外部の利害関係者への情報提供を、広報部が準備した資料を使って各担当部署が実施。リスク管理室は総務部の協力を受けて、被害者、警察などへの対応を行う。

4時間後〜

記者会見実施

5時間以降

事後対応

危機が発生した際の初動対応時間軸とおおまかな流れ

【事件発生】

自社の運搬車が
交通事故を起こし
死傷者がでた

10分後

警察、目撃者などから自社代表電話に事故発生の通報。

12分後

代表電話 ▶リスク管理室に連絡。待ったなしの危機対応活動が始まる。ただちに、危機管理連絡網に一報を入れる。(連絡網の受信者には各部門の管理職と広報部)。リスク管理室の部員を都内の事故現場に送り出す。

15分後

リスク管理室 ▶リスク管理室から広報部に電話連絡。ただちにホールディングコメント(P.50～参照)の準備。情報報告書記入開始。

20分後

メディア ▶広報部に問い合わせあり。事故現場の記者から「運転手について」、「何を運搬していたか」、「会社としてのコメント」、「事故原因」など矢継ぎ早の質問。ホールディングコメントで対応。その後もメディアからの問い合わせ殺到。

危機拡大を防ぐなら、発覚時の迅速・的確な伝達が肝

TO DO 01

危機の発見は外部から？　内部から？

危機が会社の外で発生した場合、例えば、工場や倉庫の火災や交通事故の場合、企業の当事者より先に、目撃者・消防・警察などから、企業の代表電話に第一報が入ることがあります。異物混入、商品の欠陥による破損の場合は、コールセンターやお客様相談室への連絡が、企業にとっての危機の発見ならびに第一報となる場合が多いです。同様に、保健所や他の監督官庁、消費者センターなどからの連絡が危機の第一報の場合もあります。

これに対して、マーケティングの失敗、粉飾決算、着服、過重労働、セクハラ・パワハラ、データ改ざん、商品の虚偽表示などの、経営、財務、労務、コンプライアンスなどに関わる危機は多くが内部で発見されます。

外部からの危機の通知は、対応待ったなしです。ネット炎上も素早い対応が大切であることは今や広く理解されています。問題は内部での危機の発見です。危機が発見された部署で、「内密に解決できないか？」「隠し通せないか？」「報告の前に徹底的な調査をすべきだ」などの考えが報告より優先するのです。神戸製鋼所や三菱マテリアル子会社の検査データの改ざん問題では、改ざんの発覚後もかなりの期間そのまま出荷を続けていたと指摘されています。

大切なのは迅速に伝達される全社システムの構築

内部発見の危機であれ、拡大を防ぐには迅速な対応が必要です。これが規定の危機の報告ルートに何があっても通知することです。これが意外と難しい。しかも、規定の危機報告ルートが穴だらけで、たとえば報告が子会社の中で止まってしまって、本社に届かないというようなことが起こります。これでは立派な危機管理マニュアルを作っても意味はありません。どんな末端であれ、いったん入力した危機の情報は、リスク管理室と広報部も含め、登録者全員に瞬時に届くシステムを構築すべきです。

そして何よりも大切なことは、全社員・全管理職・全役員に、危機を発見したら第一に危機の報告ルートに伝達する、それが危機拡大防止の最善の策であるとの意識を強く持ってもらうことです。

左ページ下にアラートメールのサンプルを載せています。このような形で情報が届くべき人にきちんと届くシステムが必要です。

メディアから広報部に入った問い合わせが、危機の第一報になることもあります。このときは危機の発見より、「発覚」の方が多い。「発覚」とは、隠していた悪事や陰謀が明るみに出ること。外部告発によりメディアが知るときはほとんどが「発覚」です。危機の報告が素早くなされず内部に危機がとどまることが、外部告発の原因です。

01 第3章、4章では、以下の架空の交通事故を事例として使用します

歩道に商品配送車。小学生と会社員死亡・2人重軽傷
タクシーなど玉突き事故 東京・青山の交差点、

14日午前8時10分ごろ、東京都港区の南青山三丁目交差点付近で、商品配送用のライトバンとタクシー、乗用車、オートバイの4台がからむ玉突き事故が発生し、歩道に乗り上げたライトバンが歩行者や自転車を巻き込んで2人が死亡、2人が重軽傷を負った。

警視庁赤坂署や東京消防庁によると、この事故で信号待ちをしていた登校中の港区の女子小学生（9）と自転車に乗っていた会社員男性（57）＝東京都世田谷区＝が頭の骨を折るなどして死亡した。歩行者の40代の男性は足の骨を折り重傷、オートバイの男性が腕に軽いけがをした。ライトバンの男性運転手（35）は頸部捻挫（むち打ち症）の疑いで病院に搬送されたが命に別状はないという。タクシーを運転していた男性（62）は一時意識不明となり病院に搬送されたが、後に回復した。自動車を運転していた女性（28）にけがはなかった。

赤坂署や目撃者の話によれば、タクシーが事故の前に路肩で客を降ろした後、右端の右折車線に入ろうとして、後ろから走行してきた乗用車と衝突し、そのはずみで前を走っていたライトバンに衝突。ライトバンははずみで、信号待ちをしていた前方のバイクに追突したあと、歩道に乗り上げ、自転車や歩行者をはねたとみられる。その後標識や街灯にぶつかって止まったという。

赤坂署は、自動車運転死傷処罰法違反（過失運転致傷）の疑いで、商品配送車を運転していた東京都渋谷区渋谷5丁目XYZ株式会社の運転手と、東京都杉並区東山3丁目のイーグルタクシーの運転手、乗用車を運転していた神奈川県麻生区多摩美2丁目の女性の3人から詳しく事情を聴いている。

死亡した小学生は、近くの○○小学校の4年生。いつも通りの時間に家をでて学校に向かう途中で、信号待ちをしていて事故にあった。小学校の担任教師は「あまりにも突然のことで言葉になりません」と言って泣き崩れた。死亡した自転車の男性は、近くに勤務先があり、健康維持のため世田谷区の自宅から自転車通勤をしていたという。

現場は、青山通り（国道246号）と外苑西通りが交わる信号交差点。東京メトロ銀座線の外苑前駅から南西に約250メートルのオフィス街にあり、車の行き来が激しく、歩行者も非常に多い。

近くの飲食店に働く男性は、「ドーンというものすごい音がして、何事かと思って店の外にでてみたら、車が街頭にめりこんでおり、歩道には人が3人倒れていて、助けを呼ぶ人や、叫ぶ人で、騒然としていた。一歩間違っていたら、もっと多く人がまきこまれていたかもしれない」と事故直後の様子を話した。

写真提供：123RF

件名　東京都港区南青山3丁目交差点付近におけるXYZ社商品配送車事故 アラートメール（フィクション）	
発信者	アラートメール管理者　リスク管理室○○○○
受信者	アラートメール受信者【レベルA】（社長、役員・本部長・部長も含む管理職全員、リスク管理室と広報室の部員全員）
発信日時	○○年4月14日　午前8時50分
表題	港区南青山3丁目交差点付近におけるＸＹＺ社商品配送車事故
内容	①このアラートの受信者は【レベルA】である。 ②本日、午前8時40分、警視庁赤坂警察署交通課から代表電話経由でリスク管理室に次の連絡があった。「ＸＹＺ社のライトバン（商品配送車）が東京都港区の南青山三丁目交差点付近で歩道に乗り上げ、通行人など少なくとも3名に大怪我を負わせた。ＸＹＺ社の連絡担当者を直ちに赤坂警察署に差し向けてほしい」。 ③リスク管理室部長の判断で、ただちに（8時45分）◎◎部員を赤坂警察署に向かわせた。 ④現時点で、この件に関するこれ以上の情報はない。追加の情報が入り次第、【レベルA】に配信する。 ⑤なお、リスク管理室は、この事故に関して、緊急対策本部の立ち上げが必要であると考えており、ただちにリスク管理委員会に申請する。緊急対策本部への参加要請と、第1回会合時間などは、30分以内に指名者に連絡を入れる。

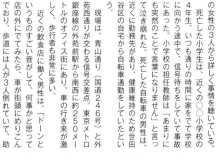

リスク管理室と広報部が最初にやるべきこと

TO DO 02

リスク管理室の最初の動き

危機の発生を知ったリスク管理室は、危機管理マニュアルにしたがって初期対応をおこないます。例えば次のようなことがらです。

- いつ・どこで・どんな危機が起きたのか、経緯・被害の範囲・原因と責任の所在などの情報を収集する。時にはただちに警察や消防に通報する。必要に応じて現地にリスク管理室のスタッフを送り、調査する。
- 危機管理マニュアルにしたがって、トップを含む危機対策の連絡網に調査内容を報告する。
- 証拠物件の保全、応急措置の実施、死傷者が出たら急いで病院に駆けつける。必要に応じて行政機関に情報を提供する。
- 緊急対策本部の立ち上げを常設のリスク管理委員会に提案する。（広報部が提案することもあります）
- 広報部とすべての情報を共有し、綿密な連絡を取りあう。（危機の初期対応は広報と二人三脚でおこなうことが不可欠）

広報部の最初の動き

リスク管理室から危機発生の情報をシェアされた広報部がまずやるべきことは、以下のことがらです。

- 発生した危機をメディアがすでに知っているかどうか、知らないとしてもすぐに知ることになるか、内部または外部からの告発がない限り当面メディアが知ることはなさそうか、などについて調査し、判断する。（この判断は、公式発表をする場合、どの程度の準備時間がとれるかを考えるための基準のひとつとなります。工場火災など衆人環視で進行する危機、公になっていて社屋の玄関にメディアが取材対応を要求してつめかけているような危機は「待ったなし」です）
- 危機は発見後時間をおかずに公表するのが望ましいが、記者会見に限らずどんなことでも準備をしてから実施した方が良い。危機発生時、内容、規模、状況などを観察し、発表までの準備時間を何時間、あるいは何日間とれるかの評価をして上層部に報告する。
- ホールディングコメントを用意する。（次の項目で説明します）

02 危機発生時の最初のアクション

リスク管理室

- 事件・事故などに関する情報収集
- トップを含む危機対策の連絡網に調査内容の報告
- 証拠保全、応急措置
- 緊急対策本部立ち上げの提案
- （場合によっては）警察や消防に通報
- （場合によっては）現場にスタッフを送り、調査
- （場合によっては）行政機関に情報提供
- （死傷者がいる場合）病院に駆けつける

全情報の共有、綿密な連絡

広報部

- メディアへの情報伝達状況の調査
（すでに知っているか、すぐに知ることになるか、当面知ることはなさそうか）
- 危機発生の発表までの時間をシミュレーション、上層部に報告
- ホールディングコメントの用意

TO DO 03

ホールディングコメントの用意〈広報担当〉

初動のひとつ「ホールディングコメント」

広報部は、リスク管理室、あるいはメディアからの情報を受けて、初動として以下のとおりホールディングコメントを用意します。

- 内部・外部利害関係者の担当部署へ配布。ホールディングコメントの趣旨は「情報開示はおこないます。少しお待ちください。必ずこちらから連絡します」です。英語ではホールディングステートメントと言います。直訳すれば、「待ってもらうための声明」です。「現時点ではコメントできない」というような文言は情報開示を拒んでいると受け取られることがありますので、ホールディングコメントとは言いません。
- ホールディングコメントを使ってメディア対応をする場合、問い合わせてきたメディアの連絡先を記録し、情報開示をおこなうときに必ず案内します。
- ホールディングコメントはメディア向けだけではなく、従業員などの内部利害関係者、取引先などの外部利害関係者の問い合わせ対応にも使います。通常は広報がメディア用に作成した文面をベースに、各利害関係者担当部署が文体や言い回しを変えて使います。それは、ですます調をございます調に変える程度で内容の変更は許されません。従業員用であれ、取引先用であれ、いったん外にでると、誰の手に入るか分からないからです。コールセンターに問い合わせてくるお客様に使う時は、コールバックを約束するより、「ホームページに（いつごろ）情報を掲載しますので、ご覧ください」と案内する方が現実的です。
- ホールディングコメントに対して、記者がしつこくさまざまな質問をしても、同じ内容の文言を繰り返すよう徹底します。誘導につられて「はい、深刻な事態のようです」などの情報提供はしないように気をつけます。
- 面会取材（インタビュー）の申し込みがあった場合には、可否を即答せず、「上司と相談の上、お返事をします」と答えます。この場合も時間を区切って回答を連絡します。

左ページで例を見てみましょう。

03 ホールディングコメントの一例

東京都港区南青山3丁目交差点付近におけるXYZ社商品配送車事故

本日、午前8時10分ごろ、東京都港区南青山三丁目交差点付近で発生したXYZ株式会社の商品配送車が関係した事故については承知をしております。

現在、警察と消防署により怪我をされた方の救出と事故調査がおこなわれていると聞いております。

XYZは情報収集に努めておりますが、**現時点で、これ以上の情報を把握しておりません。**詳細が分かり次第、お知らせします。**記者様のご連絡先をお教えください**（氏名、所属メディア名、部署、電話番号など）。1時間以内に（できるだけ時間を限定する）**お電話をお戻しし、その時点で発表できる情報をさしあげたいと思います。**

↓

内部・外部利害関係者担当部署へ配布

※文体や言い回し以外は変更しない

↓

問い合わせてきたメディアの連絡先を記録

氏名	所属メディア名	部署	電話番号
宣伝太郎	ジャパンメディア	報道部	080-0000-0000

TO DO 04

「ネガティブに報道されるか」どうかを判断する〈広報担当〉

危機の報道リスクランク

広報は「報道リスクランク」を評価し決定します。報道リスクランクとは、危機報道の重篤度（深刻さ）の順位です。リスク管理室が担当する危機の重篤度は、人的・物的被害の大きさが経営に与えるダメージを予測し、その深刻度で判断されます。報道するメディアによって危機の重篤度の判断基準は異なりますが、社会に与える影響と企業の社会的な責任を重視します。

また、報道リスクランクは、危機そのものの内容や規模だけでなく、対応の仕方次第でランキングが大きく上下します。たとえば、ある企業が大地震で復旧不可能なほどの巨額損失を負っても、特別な理由がない限り、メディアはその企業をネガティブに報道しません。一方、シンドラーエレベータのケースのように、事故直後から責任は自分達にはないと主張して遺族や社会に謝罪しないと、メディアは重篤な危機だと考えます。

時代やトレンドでも報道リスクランクは変わる

報道リスクランクは、時代と共に変化します。数年前までは過重労働や働き方の問題は企業内部の懸案にすぎないと考えられていました。いまは、ブラック企業の風評と共に、報道リスクランクの最高位のひとつです。

また、同様な危機がいくつも立て続けにおこると報道リスクランクは急上昇します。マスコミもトレンドを追うからです。あるホテル内レストランのメニュー表示偽装が問題になると、あっという間にトレンド化して、全国各地のデパート内のレストランや飲食店チェーンの食材偽装問題が大々的に報道されます。異物混入事件のある時点での爆発的な「多発」も、報道のトレンドと無関係ではありません。

広報は、直面している危機の内容と対応の仕方を分析・評価して、報道リスクランクを経営トップに進言しなければいけません。報道リスクランクの評価の誤り、メディアや消費者・社会との感覚のずれが、メディアの猛攻撃を誘発し、企業に壊滅的な打撃を与えるのです。エアバッグ破裂事故の問題で、「完成車メーカー重視・被害者軽視」のスタンスをかたくなに守り通したタカタは、米国で激しいメディアバッシングを受け、ついには東京地裁に民事再生法の適用を申請するまでに追いこまれました。報道リスクの評価を間違えた典型事例だと思います。

企業が報道リスクランクの感覚を磨くひとつの方法は、ツイッターや2ちゃんねるなどのソーシャルメディアのモニター体制を構築し、広報スタッフに運用を任せることです。これは「ソーシャルリスニング」と呼ばれ、実践している企業は少なくありません。

04 危機の報道リスクランキングとメディア対応

この表は、危機の報道リスクの定義、重篤度ランク分類（ランキング）と一般的なメディア対応例を表しています。ランクは重篤度が高い順番に1から5までの5段階に分類しています。

サンプル　危機の報道リスクランキングとメディア対応

報道リスクランク	報道とリスク内容	想定される事件・事故など	想定される取材形態	メディア対応例	備考
1（最も重篤）	全国的にネガティブな報道がされ、ＸＹＺ社の社会的な信用失墜につながり、事業に重大な悪影響を与える。	ＸＹＺ社の過失による死亡事故、重篤な健康被害、利害関係者へ甚大な影響を与える不祥事、風評、経営・労務・営業上の問題、コンプライアンス違反・犯罪・不祥事など。	TVカメラクルーを含む報道陣が多数押し寄せる。	•緊急記者会見。 •記者会見に加えて特集記事や番組に対する個別取材対応もありうる。	事件・事故発生・発覚から発表までの経過時間が長いと、隠蔽などが疑われる。情報の「小出し」は報道リスクを高める。
2	ローカルニュースなどを中心に複数メディアでのネガティブな報道がされ、ＸＹＺ社の社会的な信用失墜につながり、事業に悪影響を与える。	外部告発などによる、ＸＹＺ社の経営・労務・営業上の問題、コンプライアンス違反・犯罪・不祥事など。	複数の新聞東京版、TV局のローカルニュース記者からの問い合わせ。	•謝罪記者会見も検討する。 •ニュースリリースのみの発表で対応することもある。 •個別対応。	3社以上のメディアから取材の要求があった場合、記者会見にするかどうかを判断する。
3	単一メディアでネガティブな報道がされ、場合によっては次々に他のメディアも取り上げ、ＸＹＺ社の社会的な信用失墜につながり、事業に悪影響を与える。	外部告発などによる、ＸＹＺ社の経営・労務・営業上の問題、コンプライアンス違反・犯罪・不祥事など。	単一メディアによるスクープ取材。	•基本は個別対応。 •場合によっては記者会見の開催。 •または、ニュースリリースの配信。	記者会見を開催することにより、またはニュースリリースを配信することにより、大きな単一スクープ記事をつぶし、多数の小さな記事にできることもある。
4	取引先などの発表、または取引先などに関するネガティブな報道により、ＸＹＺ社に対する悪影響が心配され、事業に軽度の悪影響を及ぼす可能性がある。	取引先の倒産・経営不振・労務・営業上の問題、コンプライアンス違反・犯罪・不祥事など。	複数メディアからの問い合わせ。	•ニュースリリースのみの発表で対応することもある。 •問い合わせてきたメディアだけに対応することもある。	取引先の問題であっても、ＸＹＺ社に危機の「飛び火」がないか充分に注意を払う。
5	この報道リスクはＸＹＺ社に直接関わらないが、業界あるいは、他社の不祥事や社会的な問題に関連づけての報道がされる。ＸＹＺ社に直接的な影響はほぼない。	ＸＹＺ社が所属する業界に関わるネガティブな報道、同業他社の不祥事や、さまざまな問題。	メディアから関連情報（背景情報）などの問い合わせ。	問い合わせてきたメディアへの個別対応。	他社や業界については、なるべくコメントを控える。記者対応を誤ると、報道リスクが発生する。
	ランキング５は、危機管理広報の対象ではなく、通常の広報対応業務であるが、問い合わせの内容が報道リスクを引き起こす可能性があると広報部が判断した場合、危機管理広報のマニュアルに従い、各種文書の作成や、連絡網への通知をする。				

「状況報告書」を作る〈広報担当(リスク管理室)〉

TO DO 05

危機の情報を発端から収束まで一か所で管理する台帳：「状況報告書」

危機発生の第一報を受けて、広報部長は、部員に「状況報告書」の作成を指示します。状況報告書とは顕在化した危機に関わる情報と、その危機に対する危機管理と危機管理広報実施の内容を時系列で記載する文書です。

リスク管理室の他、関係する部門、時にはメディアから収集した情報を、入手した日付・時刻順に記入します。聞き取った話の他に写真、ビデオなどが収集できれば可能な限り添付します。

記入の仕方に特別なルールはありませんが、5W1H（いつ、どこで、誰が、どのようにして、何を起こした、なぜなら）の回答となる情報をできる限り細かく盛り込むのがよいでしょう。左ページで一例をあげます。

状況報告書は、危機対応が必要かどうかをリスク管理委員会に判断してもらう時に重要な参考資料となります。「状況報告書第1稿は広報部長の指示から3時間以内に作成すること」という文言を危機管理広報マニュアルに盛り込む企業は少なくありません。また、「緊急を要する場合には、広報部長が状況報告書第1稿に代えて口頭による報告をリスク管理委員会におこなう。ただしその場合でも早急に状況報告書の作成を開始すること」の文言も散見されます。

危機対応が必要と判断された場合は、引き続き、危機の展開、対応の内容を随時追加記入します。状況報告書は最終的に対応した危機の情報を発端から収束まで一か所で管理する台帳ともなります。

状況報告書はリスク管理室が作成してもよく、実際、記述の一部は、危機管理対応の報告となります。しかし私は、広報部が作成するようアドバイスしています。なぜなら、ニュースリリースや記者会見の冒頭コメント、想定問答集などが必要となると、原稿を書くのは広報の仕事だからです。状況報告書を広報が作成することは、より正確な原稿を書くことにつながります。また外部とのコミュニケーションをスムーズにとるために役に立ちます。

05 状況報告書の一例

状況報告書		
件名　東京都港区南青山3丁目交差点付近におけるＸＹＺ社商品配送車事故		
提出日　(第1稿)	受領者・印	作成者・印
○○年4月14日10時00分	リスク管理委員会　氏名(印)	広報部　氏名(印)

【状況の認知】

① ○○年4月14日午前8時20分頃、東西新聞社会部の菊池肇記者から広報部の○○部員の携帯電話に問い合わせがあった。「東京都港区南青山3丁目交差点付近で、ＸＹＺ社のマークがついた商品配送車とタクシーが衝突して、怪我人が出ている模様。この事故について話を聞きたい」との内容。○○部員は通勤途上であった。いったん電話を切り、広報部長とリスク管理室の○○部員の携帯に電話を入れたが、2人とも何も聞いていないとの返事だった。○○部員は、ただちに菊池肇記者に電話を返し「広報部は何も聞いていない。いま通勤途上なので会社に着いてから調べて30分ほど後にもう一度電話を返す」と回答して、電話を切った。

② ○○部員は8時45分に会社に着き、すぐにリスク管理室に問い合わせたところ、○○課長が応答した。「事故の第一報は5分ほど前(8時40分)に赤坂署から入っており、アラートメールをこれからすぐに発信する」との回答。

③ 直後にアラートメールが広報部員全員を含む受信者【レベルA】に届いた。(アラートメールの内容を添付する)

④ リスク管理室部長は、ただちに(8時45分)○○部員を赤坂警察署に向かわせた。

【状況の推移】

① 広報部はただちにホールディングコメントを作成した。広報部長の承認を得て○○部員が、9時05分に菊池記者の携帯に電話を返し、ホールディングコメントの内容を伝えた。その時、菊池記者から「現場で取材にはいっている。玉突き事故が起きて、ＸＹＺ社のライトバンが歩道に乗り上げ、5～6名をはねて大怪我をさせたようだ」との情報提供があった。

② 同日午前9時30分、赤坂警察署に到着し、話を聞いた○○部員からリスク管理室部長に電話連絡があった。内容は以下の通り。

1. ＸＹＺ社の商品配送車が後続のタクシーに衝突されたはずみで南青山3丁目交差点付近の歩道に乗り上げ、信号待ちの歩行者など3名をはね飛ばした。歩道に乗り上げる前に、オートバイに乗っていた男性にも接触しており、怪我人が他にもいる。事故は8時10分頃に起きた。
2. 怪我人は全員、東京消防庁の救急車により日本赤十字社医療センター救命救急センターに搬送された。
3. ＸＹＺ社商品配送車の運転手(○○部所属・氏名○○○○)は、首の痛みを訴え同病院に搬送された。治療後、病院で赤坂警察署の事情聴取がはじまる予定。自動車運転死傷処罰法違反(過失運転致傷)の疑いで逮捕される可能性がある。

③ ○○部員から話を聞いた後、リスク管理室部長は、ただちにリスク管理室の○○部員を日本赤十字社医療センターに向かわせた(9時45分)。広報部長と相談の上、9時50分に、口頭でリスク管理委員会(○○担当役員)に報告し、承認を得て、「緊急対策本部の立ち上げ」「ＸＹＺ社員の事故現場と病院派遣」「被害者対応」「配送者運転手・家族対応」「メディア対応」「外部・内部利害関係者対応」「警察署・消防署対応」などの危機対応活動の開始を発動した。10時00分に法務部から顧問弁護士○○氏に支援依頼が行われた。緊急対策本部の第一回会合は、10時30分に開始されることとなった。

【メディア対応】

① 同日(○○年4月14日)午前10時までに、以下の12メディアから、「事故についての情報を知りたい」との問い合わせがあった。すべて、ホールディングコメントで対応した。

●メディア名を列挙

② リスク管理室部長の要請で南青山3丁目交差点の事故現場を視察した総務部○○部員によれば、9時50分の時点で、現場にはテレビ局のビデオ取材5チームを含め、10以上のメディアが取材を行っている模様である。

【次のアクション】

① 本「状況報告書第1稿」の執筆完了時点(10時00分)広報部は、危機管理広報マニュアルに基づき、「危機管理広報対応方針」の作成を開始した。同時にリスク管理室は「危機管理対応方針」作成中である。これらの内容は、すでに広報部長とリスク管理室部長が口頭で委員会に報告し、承認を得ている。

② 広報部は続いて、「危機管理広報実施計画」の作成に取りかかる。

③ リスク管理室は「危機管理実施計画」の作成に取りかかる。

④ 10時30分に開催予定の緊急対策本部の第一回会合で、これらの実施計画の決裁を得て、最初に電話によるメディア対応を実施する予定。(問い合わせを受け、ホールディングコメントで対応したメディアに電話を返す)その後、承認を得た危機管理広報対応方針に沿って記者会見の準備にはいる。

TO DO 06

「危機管理広報対応方針」をまとめる

危機管理広報の最善策を決定するための方針づくり

次に「危機管理広報対応方針」の作成をおこないます。発生した危機にどう対応するのが広報的に最善であるかを、常設のリスク管理委員会に提案するための文書です。作成にあたっては状況報告書とリスク管理室のアドバイスを参考にします。

危機管理広報対応方針に取り入れるべき項目を並べると、次のようになります。

① すでにメディアが危機を知っているか？ すぐに知り得るか？ 知るまでの時間的な猶予がどの程度あるか？
② 危機の報道ランク
③ 緊急対策本部立ち上げの要否
④ 危機管理広報対応の要否
⑤ 危機管理広報メディア対応方針
⑥ 危機管理広報内部対応方針
⑦ 危機管理広報外部対応方針
⑧ お詫び広告の掲載の要否
⑨ 臨時サイトへの切り替えの要否

メディアへの対応は5つから選ぶ

④で危機管理広報対応が必要であるとした場合、⑤の危機管理広報メディア対応方針の具体例としては、以下のオプションからひとつを提案します。いくつかを組み合わせて提案する場合もあります。

(1) 無視する（コメントしない）
(2) 積極的な情報開示はおこなわないが、メディアからの問い合わせには答える
(3) 問い合わせて来たメディアが少数の場合、それらのメディアだけを個別に招いて説明する
(4) ニュースリリースを配布して広くメディアに説明をする。配布後の問い合わせにも応じる
(5) 記者会見を開く

こちらも左ページにサンプルを用意しました。

06 危機管理広報対応方針の一例

危機管理広報対応方針

件名　東京都港区南青山3丁目交差点付近におけるＸＹＺ社商品配送車事故		
提出日　（第1稿）	決裁・承認者・印	作成者・印
○○年4月14日午前10時30分	リスク管理委員会　氏名（印）	広報部　氏名（印）

①すでにメディア危機かどうか	メディア危機である。問い合わせを受けている。
②想定される報道リスクランク	（ランク1）全国的にネガティブな報道がされ、ＸＹＺ社の社会的な信用失墜につながり、事業に重大な悪影響を与える可能性が大きい。
③危機管理広報対応の要否	必要である。

必要な理由
- 重大な人身事故である。事故原因は現時点で分からないが、ＸＹＺ社の商品配送車が歩道に突っ込み、少なくとも4名の通行人に重篤な怪我を負わせている。小学生の女の子が死亡したらしいとの情報もある。
- ＸＹＺ社の運転手もむち打ちの疑いで入院中。自動車運転死傷処罰法違反の疑いで逮捕される可能性がある。
- 事故現場にはテレビ取材も含め、すでに10社以上が取材中の模様。
- 他に現時点でメディアからの問い合わせ電話を12件受けている。

④緊急対策本部立ち上げの要否	必要。直ちに立ち上げて招集すべきであると考える。
リスク管理委員会　決裁者○○	緊急対策本部立ち上げを承認する。

※危機管理広報対応の要否を「不要」とした場合は、これ以下の項目に記入する必要ない。

⑤危機管理広報メディア対応方針（番号に○をつける：2～　は複数選択可）

1		ＸＹＺ社として積極的な情報開示は行わない
ＸＹＺ社として積極的な情報開示を行う	2	個別対応：申し入れのあったメディアに対して個別に取材等の対応を行う
	③	ニュースリリース：複数メディアに対して文書の配信を行う
	④	記者会見を可能な限り早く開催する

危機管理広報メディア対応方針選択の理由：
重大な人身事故であり、問い合わせが数多く来ている。記者の方からも、ＸＹＺ社の責任者から話を聞きたいとの要望が多数ある。

メディアへ情報開示する場合の情報開示日時	○○年4月14日午前11時00分

⑥危機管理広報内部対応方針（情報開示をする対象の番号に○をつける）

①.	リスク管理委員会　全員	2.	リスク管理委員会　特定委員
③.	緊急対策本部　全員	4.	緊急対策本部　特定部員
⑤.	危機管理関係連絡網　全員	6.	危機管理関係連絡網　特定リスト
⑦.	全役員、全部長	8.	ＸＹＺ社　全社員
9.	全社員・全従業員	10.	ＸＹＺ社の取引先
⑪	ＸＹＺ社関連会社	12.	顧問法律事務所

危機管理広報内部対応方針選択の理由および上記以外の内部対応内容
- ○○年4月14日午前11時00分の時点では、上記「○」だけに情報を提供し、他の内部利害関係者（社員・従業員も含む）への状況提供は、次の緊急対策本部の会合で検討する。ただし、内部利害関係者から問い合わせを受けた場合は、広報が作成するニュースリリース、Q＆A、キーメッセージをベースに担当部署が対応する。

情報開示日時	○○年4月14日午前11時00分
情報開示方法	「○」E-mail／「○」電話、面談、その他

⑦危機管理広報外部対応方針（外部利害関係者の対応の要否および対応予定日時を記入）

外部利害関係者	対応の要否	対応予定日時	対応方法
消費者／ユーザー	（要・不要）		訪問／電話連絡／その他

同様に、工場所在地地域住民、地方自治体、顧問弁護士、外部法務関係者、警察、消防、医療機関、保健所、仕入先、得意先など

⑧お詫び広告の掲載	（要・不要）
⑨臨時サイトへの切り替え	（要・不要）

備考欄

To Do 07

緊急対策本部の立ち上げ

緊急対策本部の立ち上げ判断と役割

危機管理広報対応方針の作成において重要なポイントのひとつは、緊急対策本部を立ち上げるべきか否かの提案です。記者会見をおこなうべきだと考えるような重篤な報道リスクが想定される場合はもちろん立ち上げるべきです。第2章の「02危機に強い体制を整える」でも説明しましたが、緊急対策本部が立ち上がると常設のリスク管理委員会に代わって緊急対策本部が対応する危機の危機管理と危機管理広報の計画・実施などの提案の承認・否認・修正をおこない、実施状況を監督し、危機管理全体の指揮をとることになります。

緊急対策本部は向かい合う危機の対応だけに役割を絞った一時的な組織です。ですから身軽な組織であり、柔軟かつ機動的な対応ができます。例えば、対応する危機に必要な人材を社内から横断的に集めることが可能です。その多くがワーキングクラスの社員になることもあります。逆にリスク管理委員会の委員であっても、直接関係がない部門や関連会社の代表者であれば、参加してもらう必要もなくなります。

多くの企業・団体では、トップ（社長、会長、理事長など）が、緊急対策本部の本部長を務めます。従って、リスク管理委員会の委員長と兼務という場合が多いですが、リスク管理であれ危機管理であれ、最終責任者はトップですから、当然のことと言えます。

リスク管理担当の役員が任命されている場合、通常は、この役員が緊急対策本部の統括責任者を兼務します。危機が重篤な場合、社内の大会議室が専用の事務所に指定され、リスク管理担当役員と主要スタッフはこの部屋にこもって指揮をとるというケースが多々あります。リスク管理室、広報部、危機発生部署の部長や担当者は、この部屋と自分達のデスク間の往復を繰り返すことになります。

方針に盛り込むべき関係者への対応

危機管理広報対応方針には、前ページのとおり、メディア対応だけでなく、おもに従業員向けの危機管理広報内部対応方針と、外部の利害関係者向けの危機管理広報外部対応方針の提案も併せておこないます。欠陥マンションの問題であれば、住民説明会を開催する、過重労働の問題であれば、社員をロビーに集めての社長説明会を開催するなどが、内部あるいは外部対応方針で提案する事例です。

リスク管理委員会が危機の重篤度は小さいと評価し、緊急対策本部の設置は必要ないと決裁することもあります。その場合は必要に応じてリスク管理委員会が、向き合う危機の危機管理と危機管理広報を管掌します。

07 緊急対策本部設置の概要

リスク管理委員会

- 多くの組織では、常設の組織。組織が直面するリスクの評価、対策の立案・実施など。
- 危機が発生した場合、緊急対策本部の立ち上げが必要かどうかも含め、対応を決定する。
- 企業であれば代表取締役の社長または会長がリスク管理委員長を務める。
- リスク管理担当の役員が任命されている場合、その下に事務局をおく。担当役員がいない場合、経営企画またはCSR部門に事務局をおくケースが多い。
- リスク管理委員会の下に、「災害」、「不祥事・重大事故」、「情報システムトラブル」、「交通事故」などの小委員会を設置する企業も多い。
- 委員は全役員と全部長クラス、グループ会社社長、支社長、それぞれのリスク管理責任者などで構成され、大部隊。
- リスク管理は、日々変化がある。その対応について、全社の経営陣、管理職などが、情報をシェアする必要がある。毎年、何回か全委員が集合する会議をもったり、特定のリスクについて、関係部門で会議を開く。

↓ 設置の要否を決定

緊急対策本部（一例）

緊急対策本部長（社長）

緊急対策本部管理統括責任者（常務など）

緊急対策本部事務局　（リスク管理室、総務部、法務部など）

- 関連部門の部長とリスク管理責任者
- 関連役員
- 関連するグループ会社社長、支社長、各リスク管理責任者

緊急対策本部（危機対策本部）

- 危機発生時の対応を管掌する一時的な組織。危機管理と危機管理広報の両方の実施計画を承認し、実施状況を監督する。
- 必要に応じて、全組織に呼びかけ、支援のリソースを確保する。
- 事務局は、リスク管理室がある場合はこちら、ない場合は総務部、法務部などにおく。法務、総務などからの部員に加え、リスク管理室、広報部門から、部長・課長、ワーキングクラスの部員が参加し、対応策を立案し、承認を得て対策実施部隊の構成員となる。
- 緊急対策本部が、常設ではなく、一時的な組織であるのは、発生した特定の危機に対応するための組織であるから。
- 緊急対策本部のトップと管理統括責任者は、通常はリスク管理委員会のトップ（社長）と管理統括責任者（担当常務）が兼務する。

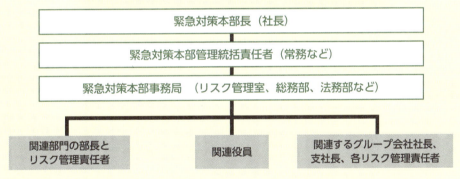

TO DO 08

危機管理広報実施計画を作る

メディア対応でも重要な指針を示す危機管理広報実施計画

危機管理広報対応方針の提案の次に広報がやるべきことは、承認された対応方針に沿った「危機管理広報実施計画」を作成し、緊急対策本部の承認を得ることです。

対応方針のポイントのひとつは「メディアからの問い合わせにどう対応するか」です。「コメントをしない」という対応が承認された場合でも、なぜ、質問に答えられないかの理由を明記した返答例を実施計画の中に用意するべきです。

メディア対応を実施する場合、対応の仕方は大きく2つに分けられます。ひとつは、「問い合わせをしてきたメディアにだけ個別の対応をする」です。この場合は電話(メール)対応と個別インタビューをおこないます。もうひとつは「すべてのメディアに対応する」で、こちらは、ニュースリリースの配布と記者会見の2つの選択肢があり、このうちのひとつ、あるいは両方の対応方法を組み合わせて対応方針の中で提案します。

実施計画には、承認された対応方針に沿って、いつ、どこで、どのメディアに、どんな形で対応するか、発表の内容はどのようなものかを箇条書きで記入します。実施計画は緊急対策本部の決裁を得て、実施に移します。

ガイドラインの役割を果たすニュースリリース

メディア対応をおこなう場合、どんな対応方法であろうと、内容は同一でなくてはいけません。この時点で「対応コメント」あるいは「ポジションペーパー」などと呼ばれるメディア対応のガイドラインを作成するべきだとの考えもありますが、私は最初にニュースリリースを作成するようアドバイスしています。なぜなら、記者会見であれ個別インタビューであれ、その場でニュースリリースを手渡すことは常識となっているからです。ニュースリリースは電話(メール)対応でもガイドラインの役割を果たします。

ニュースリリースを作った場合、配布後のメディアからの質問に答えるガイドラインとしての想定問答集(Q&A)と、キーメッセージが必要です。キーメッセージは、企業が国民・利用者・消費者に伝えたいメッセージのポイントです。実施計画には、これらについても記載します。記者会見を行う場合は、誰が話し手を務めるかについても提案します。

危機管理広報実施計画にはメディア対応だけでなく、利害関係者への対応も含まれます。住民説明会や社員に対する社長説明会などの提案が承認された場合、いつ、どこで、誰が、誰に対して話す、など具体的な計画を箇条書きで提案します。

08 危機管理広報実施計画の一例

危機管理広報実施計画		
件名　東京都港区南青山3丁目交差点付近におけるＸＹＺ社商品配送車事故		
提出日　(第1稿)	決裁者・印	作成者・印
○○年4月14日11時00分	緊急対策本部　氏名(印)	広報部　氏名(印)

ニュースリリース、キーメッセージおよびQ&Aの作成

① 危機管理広報実施計画の承認から1時間以内に、広報部は、リスク管理室の協力を得て、ニュースリリース、キーメッセージおよびQ＆Aを作成する。作成後、緊急対策本部の決裁を得る。

作業項目	作成者／支援者	作業終了予定日時	決裁者
ニュースリリースの作成	広報部○○	○月○日○時○分	
	リスク管理室○○(支援者)		
キーメッセージの作成	広報部○○	○月○日○時○分	
	リスク管理室○○(支援者)		
Q&Aの作成	広報部○○	○月○日○時○分	
	リスク管理室○○(支援者)		

危機管理広報対応コメントの作成

①危機管理広報実施計画承認から1時間以内に、ホールディングコメントに代わって広報部および各部署でメディアと利害関係者からの質問に答えるための「危機管理広報対応コメント」を作成する。今回は作成したニュースリリース、キーメッセージ、Q＆Aを「危機管理広報対応コメント」として使用する。

積極的な広報部対応を行わない場合の対応	対応の有無：(有・無)	
積極的な広報部対応を行わない場合の広報部対応者名○○○○	リスク管理室対応者名○○○○	決裁者　リスク管理委員会○○○○

① 広報部は、メディアからの問い合わせに対し、「回答できない」というメッセージを基本とした危機管理広報メディア対応コメントを作成し、リスク管理委員会の承認を得て対応に使用する。コメントにはＸＹＺ社として「回答できない理由」を必ず付け加える。
② 利害関係者からもし質問があった場合、リスク管理室応対者名○○○○が「回答できない＋理由」の文言を使って対応する。対応があった場合は、その詳細を「危機管理広報対応報告書」に記録する。
③ 対応後30分以内にリスク管理委員会に報告を行う。

メディアに対し個別対応のみの場合の対応	対応の有無：(有・無)
メイン・スポークスパーソン名	会長・社長、リスク担当役員
同席者名　○○○○	広報部　○○○○

① 危機管理広報メディア対応方針において、個別取材のみで危機管理広報対応を実施する決裁があった場合、緊急対策本部は、スポークスパーソンを選定する。
② 広報部は個別メディアの記者が知りたい情報について事前にできるだけ聞き取り調査を行い、記者が知りたい情報を効果的に提供できるようスポークスパーソン用の「冒頭コメント」、キーメッセージ、Q＆Aを準備する。時間が許せばそれらを使ってスポークスパーソンに対して予行演習を実施する。
③ 広報部は、スポークスパーソンとメディアとのやりとりを記録し、個別メディアとのインタビューの後1時間以内に、緊急対策本部に報告を行う。報告は「危機管理広報メディア対応報告書」を参考にして作成する。
④ もし3社以上から取材依頼があった場合、緊急対策本部は、広報部の提案により、危機管理広報メディア対応方針を見直し、記者会見開催の検討を行う

ニュースリリースの配信	作業の要否：(要・不要)

① 緊急対策本部は、ニュースリリースの配信時間を決定し、広報部に指示する。
② 広報部は「○○記者会」を「ＸＹＺ社の連絡記者クラブ」としてこれらのクラブの加盟社すべてにニュースリリースを、可能な限り、同時刻に配布(または配信)する。さらに問い合わせがあった記者や、クラブに参加していなくてもニュースリリースを配布すべきと考えるメディアやジャーナリストにも配布する。
③ 記者クラブへの配布の場合、広報部は、配布の1時間前までに、配布先の記者クラブの幹事に連絡し、幹事の了解を得てから配信する。
④ 問い合わせがあったメディアには、可能な限り記者クラブ配布と同時刻に配信を行う。

配布・配信後の問い合わせ対応	広報部○○
記者会見開催(以降詳細は記者会見を参照)	開催の要否：(開催する・開催しない)
危機管理広報外部対応(詳細省略)	対応の要否：(要・不要)
危機管理広報内部対応(詳細省略)	対応の要否：(要・不要)

To Do 09

ホールディングコメントを使ったメディア対応

メディアにはホールディングコメント以外で対応してはいけない

危機管理広報実施計画にゴーがでる前に、広報の判断で実施できるメディア対応は、原則として、ホールディングコメントを使った対応だけです。第3項でホールディングコメントの用意の話をしましたが、危機の発生が社内で認識されている・いないにかかわらず、メディアから危機に関する質問を受け、その危機に対して対応の準備ができていない場合に、作成したホールディングコメントを使います。

重ねてになりますが、ホールディングコメントの一例をここでもあげておきます。広報は、リスク管理室から第一報を受けとったばかりで、「危機管理広報対応方針」や「危機管理広報実施計画」の作成前。その時点でメディアから事故に関する問い合わせを受けたという設定です。

(1) XYZ株式会社（私ども）の商品配送車が関係する交通事故については承知しております。本日午前10時10分ころに東京都港区南青山三丁目交差点付近で発生したと聞いております。

(2) 現在、消防と警察により怪我をされた方の救出と事故原因の調査がおこなわれていると聞いております。

(3) XYZ株式会社は、情報収集に努めておりますが、現時点で、これ以上の情報を把握しておりません。

(4) 詳しい状況がわかり次第、こちらから連絡をいたします。その時に、いまいただいた質問にできるかぎりお答えします。

(5) すみませんが、ご連絡先を確認させてください。（メディア名、所属部署、氏名、電話番号、メールアドレスなど）

(6) 1時間以内に連絡を差し上げられると考えております。

(1)から(6)までの情報要素を盛り込むと完璧です。時には、メディアの問い合わせは寝耳に水の場合もあると思います。そんなときは正直に、「そのような情報は広報に入っておりません。すぐに調べます」と伝え、(4)、(5)、(6)と続けるとよいでしょう。

次に広報の担当者は、広報部長の承認を得て危機管理広報マニュアルに記載されているホールディングコメントの配信先に、このホールディングコメントを送信します。配信先は従業員、取引先、お客様などからの質問を直接受ける部署です。危機管理広報マニュアルには、それらの部署でのホールディングコメントの使い方についての注意事項も記載しておきます。マニュアルはワード文書としても保管しておくと、メール本文に注意事項を簡単にコピーできます。左ページは、利害関係者の対応をおこなう部署に広報が送る文面のサンプルです。

09 広報から各部署にホールディングコメントを送信するときのメール文面の一例

添付のホールディングコメントは、メディアから広報部に問い合わせがあった時に使用するものです。担当する、従業員、取引先、監督官庁などからこの事故に関する質問をうけた場合、添付のホールディングコメントの必要な部分の文体や言い回しを修正してお使いください。内容の変更・追加はできません。不明な点があれば、広報部にご相談ください。この後、引き続き、対応用の情報を提供します。

以下は、ホールディングコメントを使用する場合の注意事項です。

1 相手がホールディングコメントの内容では満足せず、しつこくさまざまな質問をしても、同じ内容の文言を繰り返すよう徹底してください。同じ文言とは、「XYZ株式会社は、情報収集に努めておりますが、現時点で、詳細を把握しておりません」、「後ほど、必ずご連絡をいたしますので、お待ちください」などです。

2 問い合わせに対し、個人の意見、感想、伝聞情報などは絶対に追加しないよう徹底してください。例えば相手に合わせて「はい、大事故のようです」、「心肺停止の子供もいるらしいです」、「本当に申し訳ないです」、「怪我人は5、6名だと聞いております」などです。ネットのニュースサイトがそのように報じていても、XYZ社としては現時点では未確認の伝聞情報です。

3 問い合わせの具体的な質問は記録し、このメール宛にお送りください。広報は、模範解答も加えた質疑応答集にまとめ、広報部長の承認を得て、皆様にお送りします。

4 「今後連絡不要」と表明した相手は別として、問い合わせには広報からの次の連絡と添付される対応情報を使って必ず電話を返してください。原則として、電話を受けた社員が、電話をしてきた相手に電話を返してください。

5 コールセンターの場合は、「(いつごろ)、ホームページに情報を掲載しますので、ご覧ください」と答えるのが原則です。今回どうするかは担当部長が判断してください。

6 この事故に関してXYZ社の役員・管理職・社員などとの面会の申し込みがあった場合、可否を即答せず、「上司と相談の上、お返事します」と答えてください。その場合も1時間以内など、電話を返す時間を指定してください。原則として個別の対応はしないことにしておりますが、各部で勘案してください。

7 たまたま各部でメディアからの問い合わせを受けた場合は、必ず広報部に転送してください。

TO DO 10

無視する（コメントしない）場合のメディア対応

コメントを控える選択をする場合とは？

ホールディングコメントで対応をしたあと、リスク管理室、メディア、担当部署などからの情報をもとに、広報は「危機管理広報対応方針」（To Do 06参照）を作成し、緊急対策本部に提案します。事例のような交通事故の場合、メディア対応は必要です。亡くなられた方や怪我をされた方がいる場合は、原則、記者会見を開くべきです。

危機管理広報対応方針で、「無視する（コメントしない）」と提案するのは、どんな場合でしょう？　無視といっても、質問を受けたとたんにガシャンと電話を切るという意味ではありません。カッコの中にあるように「コメントをしない」という意味です。ただし、なぜコメントをしない・できないか、その理由を説明する必要があります。

例えば、厚生労働省が、健康被害を発生させているかもしれないとして調査、あるいは規制の検討をはじめた事実が発覚した医薬品・食品等のメーカーには、「調査、規制の検討にどう対応しますか？」とメディアが聞いてきます。その場合「監督官庁で調査・検討中なのでコメントは差し控えさせていただきます」が、ここでいう「無視」です。この返事には、なぜコメントをしない・できないかの理由も入っています。

調査に猛反発するメーカーがあるかもしれません。調査結果が出る前に製造販売をやめてしまうメーカーがあるかもしれません。そんな企業は、なぜ反発するのか、あるいは、なぜこの時点で製造販売を中止するのかを、メディア対応をして国民に説明する責任があると思います。

危機対応全体の話ではありませんが、事故原因についての質問は、無視するほうが賢明です。「警察、監督官庁で原因の調査がおこなわれていますので、コメントを差し控えさせていただきます」というふうに。

何度も例にあげて恐縮ですが、シンドラーエレベータは事故発生直後に「この事故の原因はメーカーの私たちにあるのではなく保守整備の会社にある。だから私たちは遺族に謝罪もしないし記者会見も開かない」との趣旨の文書をメディアに配布しました。メディアの大バッシングを受けて謝罪しましたが、メディア対応の第一歩を大きく間違えました。事故原因の判断は警察や監督官庁がおこないます。事故を起こしたメーカーが国民に向けてとやかくいうことではありません。事故後9年ほどしてシンドラーの当初の主張に沿った判決が出ました。日本市場から撤退に追い込まれてしまっては、勝訴したところで、なんにもなりませんね。

業界全体でトレンド化した問題点にもコメントしない

もうひとつ「無視する（コメントしない）」のメディア対応が多用されるケースは、危機の発生が同業他社だったり、業界全体の話だったりする場合です。

ある外食チェーンの過重労働が大問題となれば、メディアは同業他社にも熱心に取材します。自社の労働環境の良さをPRする好機ととらえる業者がいるかもしれません。しかし、こんな状況のもとでPRしたところで好意的な記事が出るはずはない、と大部分の同業者は考えるでしょう。「当社ではそのような問題は起きておりません」、「他社の案件については、コメントはできません」、「業界全体の労働環境につきましては、外食チェーンストアの協会等がありますので、そちらにお聞きください」など、「無視」のメディア対応を選んだほうが、墓穴を掘るリスクを防げると考える同業者は多いはずです。

10 「無視する」メディア対応

事故原因についての質問

○ 監督官庁で調査・検討中なのでコメントは差し控えさせていただきます。

× 原因は私たちではなく●●にあるので対応できません。

業界全体・競合他社の危機の発生時

○ 他社の案件については、コメントはできません。

× 当社は優れた●●を皆様にご提供しています。（他社と比較した自社のPR）

TO Do 11

ニュースリリースを作る

メディア・利害関係者など誰に渡しても良い公式見解

危機管理広報のニュースリリースは、メディアに送付することを前提とした危機に対する企業の公式見解です。プレスリリースと呼ぶ場合もありますが、古い表現です。プレスという英語は、元々は新聞のことです。

ニュースリリースは、メディアだけではなく、利害関係者もふくめ、誰に渡しても良い文書です。ほとんどの会社がホームページで公開しています。

危機管理広報のニュースリリースには、盛りこむべき一定の内容と形式が決まっています。通常、次の内容を盛りこみます。

(1) 危機の現状の説明
(2) 危機に対する会社の姿勢と方針。必要と思われる場合は危機が発生したことに対する社会への謝罪
(3) 犠牲者、怪我人・病気になられた方がいる場合は、お悔やみ・謝罪・お見舞いの言葉
(4) 原因究明に努力する。警察や監督官庁等が原因調査をおこなっている場合は、調査に全面協力する
(5) 原因・責任などがはっきりしていて謝罪すべきことがあれば深く謝罪する
(6) 必要に応じて喫緊の安全策・対応策を打ちだす
(7) 再発防止の取り組みを約束する
(8) 発表者名（会社名）、日付、問い合わせ先を明記する

「喫緊の安全策・対応策」とは、例えば鉄道であれば、事故を起こした系統の車両は、原因がはっきりするまで運転しない、などです。

発表前に確認を

すべてのニュースリリースは発表前に法務部でリーガルチェックを受けた方が良いです。危機管理広報のニュースリリースは、特に念入りにおこなうべきです。と言っても、ニュースリリースは法律文書ではないので、謝罪すべき点は謝罪することが大切です。「謝罪＝責任の認定」という画一的な法律論にしばられた法務担当者は少なくないようです。ニュースリリースは、被害者はもちろん社会にも受けいれられる内容でなければ発表する意味がありません。

なお、発表時点で判明していない事実は「調査中である」と書き、事実が判明していないことを明記してください。

11 危機管理広報のニュースリリースの一例

「XYZ社商品配送車が関係した事故につきまして」

広報部　000-00
〇〇年4月14日

ＸＹＺ株式会社の代表取締役社長〇〇〇〇は、4月14日午前8時10分ごろ、東京都港区南青山三丁目の交差点付近で発生したＸＹＺ社の商品配送車が関係した事故で、２名の方がお亡くなりになり、２名の方が重軽傷を負われたことについて、次のように話しました。

「このような事故が起こったことは誠に残念であり、亡くなられたお２人のご冥福をお祈りすると共に、怪我をされた方々の１日も早いご快復を願っております。ご遺族、ご家族、親戚、友人の方々、国民の皆様にご心配とご迷惑をおかけしたことを心からお詫び申しあげます」

警視庁の現場での事故状況の説明によりますと、ＸＹＺ社の商品配送車は玉突き事故に巻きこまれ、信号待ちをしていた前方のバイクに追突したあと、歩道に乗り上げたとみられるとのことです。事故発生の状況がどうであれ、ＸＹＺ社の商品配送車が歩道に乗り上げ、歩行者をはね、お２人の尊い命が失われ、別のお２人に重軽傷を負わせたことは事実であり、日頃から交通安全のためのさまざまな啓発活動をおこなっているＸＹＺ社としましてはこの事実を重く受け止めております。

ＸＹＺ社の商品配送車の運転手は、35歳の男性正社員です。ＸＹＺ社での運転勤務歴は10年で、これまでに事故を起こしたことはありません。通常のシフト通りの勤務をこなしており、昨日は午後4時に仕事を終えて退社し、本日は、午前7時前に出勤しております。運転手は頚部捻挫（むち打ち症）の疑いで入院しておりますが、命に別条はありません。警視庁の事情聴取に応じております。ＸＹＺ社は警視庁の事故原因捜査に全面協力をいたします。

ＸＹＺ社は、亡くなった方のご家族と被害者の方々へ、法律に従ってできる限りのご支援と補償をいたします。

事故原因がはっきりした時点で、ＸＹＺ社として改善すべき点があれば、再発防止策を導入し、真摯に対応いたします。

亡くなられた方のご冥福をお祈りすると共に、怪我をされた方の１日も早いご快復を願っております。ご遺族、ご家族、親戚、友人の方々、国民の皆様にご心配とご迷惑をおかけしたことを深くお詫び申しあげます。

以上

本件に関するお問い合わせ
XYZ株式会社　広報部　〇〇

COLUMN　ポジションペーパー VS ニュースリリース

ポジションペーパーとは公式見解のことです。発生した危機に対する企業の見解であり、対応策・再発防止策などを包括する文書です。メディア対応開始時点でポジションペーパーの原稿の作成が必要だと考えるアドバイザーがいます。ただし、ポジションペーパーは形式が決まっていないので、メディア対応の資料にすると、対応者によってニュアンスが異なる発言・回答をしてしまうなど、混乱を招く原因になることがあります。さらに、メディアにポジションペーパーそのものを送付しても良いのかなどの取り扱いにも一定のルールはありません。マニュアルにルールを盛りこむことはできますが、煩雑です。私は、取り扱いの定義があいまいなポジションペーパーという余計な文書を作らず、最初からニュースリリースを作成し、それを公式見解とした方がより効率的だと思います。

To Do 12

ニュースリリース発表後の問い合わせと対応

ニュースリリースの発表

危機管理広報として、ニュースリリースの配布で対応をおこなう場合は、通常は危機の内容や程度が比較的軽度で、今後さらに発展する可能性がないと判断される場合です。

ニュースリリースを発表すれば、当然、メディアから質問がよせられます。広報代理店を問い合わせ先にしているニュースリリースを時々見かけますが、危機管理広報の場合は、企業の広報部を問い合わせ先にするべきです。情報の一元化とすばやい対応が大切だからです。メディアの方も、情報の出所（質問に対する回答者）を企業の広報代理店と報ずるよりは、企業そのものの名前を使いたいと考えるケースが多数です。賛否はあるかもしれませんが、広報部員の手が足りなければ、他の部署の社員の支援を受け、ニュースリリース、想定問答集、キーメッセージをしっかり読み込んでもらって、メディア対応するほうが、広報代理店のスタッフに「臨時社員」のような形で対応してもらうよりは良いと思います。社員を装うのではなくて、広報代理店のスタッフだと最初に名乗れば問題はないのでしょうが、そうすると記者によっては、「社員を出してよ」とか「話の分かる人を出してよ」などと社員にこだわりをみせる人も出てきます。「これからお聞きすることは、XYZ社が、このように話している、と書いても良いのですね？」と聞いてから質問をする記者

が増えるといいのに、と私は思いますが、緊急時ではこんなことも難しい問題となります。

想定問答集（Q&A）を用意する

ニュースリリース発表後にメディアからよせられる問い合わせ電話やEメールに対して、広報部員が机に置いて、あるいはコンピュータスクリーンに開いて、メディア対応の参考にするのが想定問答集です。Q&A（またはQA）と呼ぶ場合がありますが、まったく同じものです。

想定問答集の中に「ネガティブリスト」あるいはストレートに「言及不可」などの項目を取り入れる場合もあります。つまり、話してはならないことのリストです。例えば、事例の交通事故であれば下記のような内容です。

- 事故原因と責任の程度
- 事故発生の詳しい状況（ニュースリリースに書いてある内容にとどめる）
- 被害者の氏名、住所、年齢、怪我の詳しい状況、搬送された病院名など。（ただし、警察の発表、被害者・遺族との話し合いを受けてどこまで話せるかは対応時点で確認する）

12 想定問答集（Q&A）の一例

想定問答集（Q＆A）	
【状況】ＸＹＺ社の商品配送車が東京・港区南青山三丁目交差点付近で歩道に乗り上げ、通行中の方々数人をはねて死傷させる事故が起こった。赤坂署や目撃者の話によれば、タクシーが事故の前に路肩で客を降ろした後、右端の右折車線に入ろうとして、後ろから走行してきた乗用車と衝突し、そのはずみで前を走っていたＸＹＺ社の商品配送車に衝突。商品配送車ははずみで、信号待ちをしていた前方のバイクに追突したあと、歩道に乗り上げ、自転車や歩行者をはねたとみられる。その後標識や街灯にぶつかって止まったという。 赤坂署は、自動車運転死傷処罰法違反（過失運転致傷）の疑いで、商品配送車を運転していたＸＹＺ社の運転手と、東京都杉並区東山三丁目のイーグルタクシーの運転手、乗用車を運転していた神奈川県の女性から事情を聴いている。警察は事故の状況説明はしているが、原因についてはコメントをしていない。 【使用方法】 ① メディアから広報部に問い合わせがあった場合のみ使用。 ② 外部利害関係者と内部利害関係者からの質問対応は、このQ＆Aをベースにしてリライト作成する。	
想定質問	模範回答
1. 被害者について教えてください。どんな方々かご存じですか？　被害者はどちらの病院に搬送されたのですか？	被害者のお名前などの情報は、個人情報保護法に関わる問題でもありますので、私どもからはお話しできません。 亡くなられた方々のご家族、怪我をされた方やご家族の方々に私どもはすでにお会いしております。亡くなられた方のご家族には、このような事故を起こしてしまったことに対するお詫びと、お悔やみを申し上げました。お怪我をされた方々には、一日も早いご快復の願いをお伝えしました。 亡くなられた方、怪我をされた方が搬送された病院名につきましても、個人情報の問題に関わりますので、私どもからはお話しできません。
2. XYZ社としては、事故に関わる責任はないと考えているのですか？	責任がないとは考えておりません。ただ責任の重さは、事故原因等に関連すると思います。事故の原因は現在警察が捜査しています。 原因がどうであれ、ＸＹＺ社の商品運搬車にはねられて、命を失われた方、怪我をされた方がおられることは事実です。このような事故が起こったことはＸＹＺ社として誠に残念であり、被害者の方々やご家族、友人の方々、そして国民の皆様に深くお詫びを申しあげます。
3. ＸＹＺ社の商品配送車の運転手について情報をください。	年齢35才の男性です。11年前にＸＹＺ社に正社員の運転手として入社し、それ以来10年あまり無事故・無違反の運転歴です。勤務態度はまじめであり、また過重な業務はさせておりません。事故の前日は午後4時に退社しており、当日は午前7時に渋谷の会社を出発し、商品配送を行っておりました。 運転手は頚部捻挫（むち打ち症）の疑いで病院にて検査を受けています。命に別条はありません。
4. ＸＹＺ社の商品配送車の運転手は自動車運転死傷行為処罰法違反で警察に逮捕されたのですか？	いいえ、現時点で逮捕はされていません。自動車運転死傷行為処罰法違反（過失運転致死傷）の疑いで事情聴取を行うと言われております。玉突き事故に関連した他の車の運転者も、事情聴取を受けると聞いております。
5.被害者の方々にどんな補償をしますか？	法律等に従って、できる限りのご支援と補償をしたいと考えております。
6. 交通安全を社是としているＸＹＺ社が、2人の命をうばい、1人に大怪我をさせるという大事故を起こしたことをどう思いますか？	日頃から交通安全啓発のための数々の活動をおこなっているＸＹＺ社としましては、このような事故を起こしたことは誠に残念であり、皆様にお詫びを申しあげます。事故原因がはっきりした時点で、改善すべき点があれば、真摯に対応したいと考えております。
7. このあと、記者会見をしますか？	現時点では、記者会見の予定はありません。被害者の方々には、すでに直接会ってお詫びを申しあげています。国民の皆様には、ニュースリリースにてお詫びを申し上げたいと考えております。 事故がどのようにして起こったか、どこに原因があったかについては、警察が捜査をおこなっています。
【注意事項】 1. Q＆Aは、メディアからの電話等の質問に対する回答をする場合の資料として使うものです。 2. 文書としてメディアに配布しないようにしてください。 3. 内部利害関係者、外部利害関係者からの質問等に対応する各部署は、このQ＆Aをベースに、必要に応じて文体や言い回しを変えたQ＆Aを作成してください。ただし内容を変えてはいけません。 4. 内容の変更や、Q＆Aの追加には、上司を通して広報またはリスク管理室に連絡を入れてください。緊急対策本部の変更承認が必要です。	

TO DO 13

キーメッセージを徹底する

報道の中に取り入れてほしいメッセージを用意する

キーメッセージは、直面する危機に関して会社として世に伝えたい話のポイントを簡潔な箇条書きにした文言のことです。一般的には言葉にして10秒程度、文字数にして40文字以内のコメントが良いとされています。

会社が「ぜひとも報道の中に取り入れてほしい」と願う文言をいくつか準備しますが、あまりたくさんあっても使い切れないので、4つか5つが通常です。

危機の内容と会社の危機に対する見解次第で、キーメッセージの内容が決まります。5つのキーメッセージのサンプルを左ページで紹介しますが、以下の5つのことがらを述べています。

- 謝罪
- 危機に対する会社の思い
- 再発防止策
- 遺族・被害者への対応
- 会社の理念

メディア対応でのキーメッセージの使い方

キーメッセージをしっかり頭の中にいれて、メディアからの質問に対応することが重要です。例えば、左の例で言うと、「タクシーが追突して御社の配送車と衝突した。配送車はそのはずみで歩道に突っ込んでしまったとの目撃者談がありますが、御社としてはこの事故の責任はないと考えていますか？」の質問に対して、「事故発生の詳しい状況は、現在、警察が調査しております」の返事の後、キーメッセージ（2）、（3）、（4）、（5）のどれか、またはいくつかを付け加えれば、回答が完結します。

キーメッセージの活用については、記者会見のところでも触れますが、あらゆるメディア対応で何度も繰り返して話すべきです。特にテレビインタビューの場合、自らキーメッセージを繰り返して述べないと、報道では触れられない結果となってしまいます。

13 キーメッセージの一例

南青山三丁目付近の交通事故を事例とします。タクシーがXYZ社の商品配送車に追突し、配送車はそのはずみで歩道に突っ込んで、何人かの歩行者をはねて死傷させた。そんな事故に対するキーメッセージです。

(1) 謝罪
ご遺族、被害者のご家族、親戚、友人の方々、国民の皆様に、ご心配とご迷惑をおかけしましたことを深くお詫び申しあげます。

(2) 会社の気持ち
このような事故が起こったことはXYZ社としましては誠に残念であり、亡くなられた方のご冥福をお祈りすると共に、怪我をされた方々の一日も早いご快復を祈願しております。

(3) 再発防止策
事故原因がはっきりした時点で、XYZ社として改善すべき点があれば、再発防止策を導入し、しっかりと対応いたします。

(4) 遺族・被害者への対応
XYZ社は、ご遺族と被害者の方々へ、法規に従って、できる限りのご支援と補償をいたします。

(5) 会社の理念
XYZ社は、企業活動をおこなうにあたって「人々の健康、安全、安心に寄与する」ことを社是としてきました。交通安全についても、日頃から、法定速度の遵守を大切にしてきました。

(この後に (2) の会社の気持ちのキーメッセージを再び話す)

個別インタビュー「特ダネ」を狙う記者とは上手に付き合うべし

TO DO 14

問い合わせてきた少数のメディアへの対応

メディア対応のオプションで、「問い合わせてきたメディアが少数の場合、それらのメディアだけを個別に呼んで説明する」を選択する際には注意が必要です。1社だけ、あるいは2、3社だけが、いわば特ダネのような形で手に入れた危機の情報について問い合わせをしてきた場合、内容が正しいとき、つまり危機の発覚であるときは、個別対応をおこなわずに、ニュースリリース、記者会見などで、全メディアに一斉対応をしたほうがダメージが少ない場合があるからです。問い合わせ内容に間違いや誤解がある場合は、個別対応をして誤解を解けば、記事にならないかもしれません。

個別対応の結果1社だけの大きな記事になれば、「抜かれた」他社が、がぜん敵愾心《てきがいしん》を燃やして厳しい取材を開始するかもしれません。もっとも、それは危機の報道ランク（つまりネタ）次第です。また、東京とその他の地域では、メディアの集結度が違うので、一概には言えません。

トップは淡い期待を持ちがちです。例えば、大々的な記者会見はイヤだけど、1社の対応なら何とかなりそうだ、その時に拝み倒し広告出稿をちらつかせて勘弁してもらえるのではないか、と。そんな期待は、往々にして逆効果をもたらします。

危機管理広報の記者会見では囲み取材を排除する

公式の記者会見ではない場所で、取材対象者を記者団が取り囲んで行う取材を囲み取材、またはぶら下がり取材と言います。厳密に言えば個別のインタビューではありませんが、囲み取材に対応すると、質問をした記者の「特ダネ」になるケースが目につきます。優秀な記者は、事前に綿密な調査をして、特ダネを引き出せそうな質問を準備し、問う機会を狙っています。記者会見中には、その質問はしません。参加した記者全員に、特ダネのヒントを教えてしまうことになるからです。

危機管理広報の記者会見では、囲み取材、ぶら下がり取材の機会を完全に排除することが大切です。話し手の会場出入り口はステージに直結し、記者の出入り口とは別にすべきです。記者会見終了と同時に話し手がドアの外に姿を消してしまう配置が理想的です。

一方、囲み取材は、新商品発表会見のようなプロモーション的な記者会見では、効果的であるとされており、会見終了後に、ステージ下で話し手が個別対応をするケースが多いようです。メディアごとに異なる「特ダネ」が報道されれば最高です。ただ、そんな場合でも必ずしも「好ましい質問」だけがなされるとは限りません。せっかくの記者会見を「痛い質問」ひとつで台無しにしないよう、特ダネを狙う記者とは上手に付き合いましょう。

14 記者との向き合い方

第４章

危機が発生したら

②

緊急記者会見虎の巻

重大危機発生の場合は、危機発生から遅くとも2～4時間以内に最初の記者会見を開くという心構えと準備が日頃から求められる。

記者会見開始時間の判断方法の一例：

- 危機発生時を基準に考え、発生から2時間以内に第一報のニュースリリースを出し、記者会見の準備を急ぎながら、その後の危機の推移、メディアの取材（申し込み）状況など見て、開始時間を判断する。
- 記者会見の案内状を送るタイミングは危機の内容次第である。即刻記者会見を開催すべきと判断されるような重大危機であれば、記者会見の１～2時間前が目安になる。記者会見開催2時間以上前に案内状を出すと、メディアからは「もっと早く開催しろ」という反応になり、また1時間以内だと「間に合わない」などという不満が出てくる。

緊急記者会見開催決定

↓

会見者（スポークスパーソン）、同席者の選定
スタッフの確保と役割の決定
案内状の作成
配布物の決定・作成

↓

案内状の配信
（開催2時間前）

記者会見場のレイアウト承認
（開催1時間30分前）

記者会見場の会場設営完了
（開催1時間前）

司会者台本の決定
（開催30分前）

配布資料の準備完了
（開催10分前）

記者・カメラマンへの事前説明
（開催5分前）

↓

記者会見開催

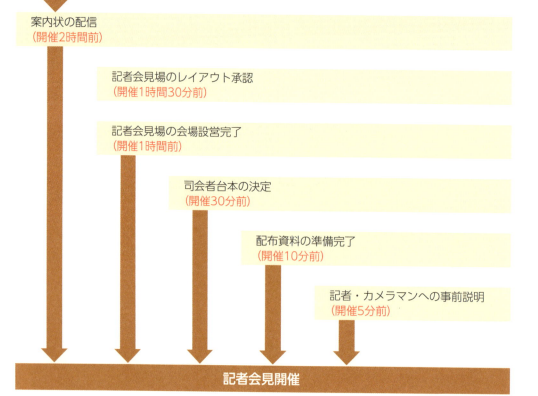

緊急記者会見開催の流れ

記者会見の流れ

◆席順

記者席からステージを見て、右側が上手、左側が下手。登壇者が3名の場合は、会見者は中央にすわり、同席者の上位が上手、同席者下位が下手にすわる。4名の場合は、上手から同席者1位、会見者、同席者2位、同席者3位の順とするのが一般的。最近はあまり見ることはないが、司会者も登壇する場合は、いちばん右側にすわる。

①入場

スムースに登壇者が各自の席の後ろに立てるよう、登壇者は上手席順から順番に入場。入場時には原則60度程度のお辞儀をする。各自、席の後ろに立ち、そのまま座らないで正立する。

②一礼・司会者による開会の挨拶

登壇者が全員席の後ろにそろったら、深く（60度）お辞儀をする。司会が開会の挨拶と登壇者の紹介を行う。紹介された登壇者は60度のお辞儀をする。

③冒頭の挨拶・必要な場合は謝罪

会見者が話す。原稿は読まない。挨拶、新聞記事の見出し程度の会見内容説明を話し、必要な場合は謝罪をする。その場合、お詫びの言葉で、全員で深々と(90度）お辞儀をする。

④冒頭スピーチを読む

会見内容の説明後、あるいは謝罪のお辞儀の後、「失礼ですが、ここで着席させていただき、ご報告を続けさせていただきます」と断って座る。同席者も着席。会見者が冒頭スピーチを読む。棒読みではなく、文章の切れ目などでは、顔を上げる。公式な発表と考え、一字一句間違わないように読む。（冒頭スピーチは、「リード+キーメッセージ」に続き詳細説明をする）最後は「私からのご報告は以上でございます」で締めくくる。あるいは、再度の謝罪（全員で立ち上がり再度謝罪のお辞儀をする場合もある）で締めくくる。

⑤質疑応答

司会が仕切る。指名した記者にはマイクを届ける。基本としては、会見者がすべての回答をする。同席者は会見者から指名を受けた時のみ技術的な情報を話す。記者から同席者を指名して質問があれば、指名された同席者が直接回答する。

⑥退場

危機管理広報の記者会見の場合、絶対に「ぶら下がり」のコメントを求められないような退場通路を確保し、記者会見終了と共に、登壇者はドアの向こうに消えてしまうようにする。

緊急記者会見とは

01

「緊急」の意味するところ

危機管理広報に関わる記者会見は、通常「緊急記者会見」と呼ばれます。「謝罪会見」と呼ばれることもあります。開催する企業は単に記者会見と言いますが、メディアや社会からはそう呼ばれています。

なぜ緊急かというと、危機の発覚後、ただちに記者会見を開く場合が多いからです。企業が主催する新製品発表などの記者会見は少なくとも2週間前にメディアに開催の通知を送るのが常識とされていますから、それに比べるとまさに緊急です。時には、会社が入居するビルの玄関に記者が何人もおしかけてきて、世間体もあって会議室に招き入れざるを得なくなり、なし崩しに、その場で記者会見がおこなわれることもあります。

緊急記者会見は、いつ、どこで、どんな形で実施することになるか分かりません。中身はまったく違いますが、自然災害同様に、日頃から対応の演習を積んでおくことが大切です。

事故と不祥事では、記者会見開催の仕方が異なる

同じ緊急記者会見でも、火災・爆発事故、鉄道・航空機・交通事故などの事故の場合は、1分でも早く、記者会見をおこなうべきです。その時点で分かっていることを話し、周辺住民などへの安全の呼びかけをするべきです。現地でおこなうこともあれば、本社でおこなうこともあります。時には両方で開きます。事故の場合の記者会見は、できる限り何度も開催し、状況の変化などを次々と報告するべきです。

自然災害の場合、メディアは、警察、消防、自治体などを主な取材先にします。とはいえ、特定の企業に多数の犠牲者が出れば、その企業への集中的な取材があるはずです。取材対応者は、日頃から企業の基本情報、すなわち従業員数や業績、沿革などをデータを見なくても話せるようにしっかり頭に入れておくと共に、安全に対する取り組みについても話せるようにしておくべきです。

社員がテロに巻きこまれた場合は、他の社員や関係者の安全問題がからんできて、緊急記者会見を開くべきか、開くとしても、いつが良いか、何をどんな風に発表し、メディアの質問にどう答えるかについて非常に難しい問題が山積します。おそらく分かっていても話せないことがたくさん出てくると思います。一方、企業にメディアが押しかけてくるのは防ぎようがありません。何をどんな形でどう発表できるかについて、捜査当局との連携は必至です。

一方、企業の不祥事に関すること、例えば、決算や各種データの偽装、贈収賄、倫理違反、法令違反といった事態では、発表までの準備期間がある程度とれる場合が少なくありません。準備前に発覚

したとすれば、緊急に記者会見を開くしかありませんが、準備期間がとれるなら、しっかりと準備をし、記者会見を一度で済ませてしまうために最大の努力をつぎこむべきです。

準備期間が少しでもとれる場合

しっかり準備するというのは、隠蔽や偽装の工作をするという意味ではありません。むしろ、不祥事に関することは、洗いざらい話すための準備です。さらに、向き合う不祥事に直接関係せず、聞かれていないことであっても、発表していない不祥事があれば、みずから発表した方が良い。そんなことまで記者会見で話す必要はないと誰しも考えますが、記者にとってみれば、企業の発表をそのまま記事にするのが自分の仕事ではありません。過去の記事やデータを読み込み、発表は正確か、不自然な部分がないか、隠していることはないか、関連する問題はないかなどの点に感覚を研ぎ澄まして会見に参加します。ピンとくる点があれば、調査を始めます。会見後数日内で不祥事にかかわる隠蔽や偽装を発見すれば、トップニュースの扱いをうけます。不祥事とは直接関係ない問題であっても掘り起こすと、普段ならベタ記事にしかならない問題でも大きく報道されます。記者にとっては腕のみせどころ到来です。

01 緊急記者会見はケースによって実施の仕方を検討する

火災・爆発事故、鉄道・航空機・交通事故などの事故の場合

自然災害の場合

社員がテロに巻きこまれた場合

企業の不祥事に関すること

02

開催が決定したら〈準備〉

緊急記者会見の開催決定、スポークスパーソンの選定

記者会見を実施すべきかどうかを判断するのは、緊急対策本部の役割です。緊急対策本部のトップは、企業の責任者、すなわち社長であるべきです。記者会見のスポークスパーソン（話し手）も、特別な理由がない限り、社長が務めなくてはいけません。つまり、緊急記者会見を開催するかどうかは、社長の決断にかかっています。

緊急事態を乗り切る最善の方法はトップダウンだとよく言われます。トップが率先して意思決定を行い、社員はその決定に従って忠実に動くということだと思いますが、必ずしも現実的であるとは言えません。そのトップが直面する危機の最大の元凶と指摘されている場合もあるからです。粉飾決算や経営不振に関係するさまざまな問題で、そんなケースが散見されます。

従って緊急対策本部の役割は非常に大切です。会社に決定的なダメージを与えないために誰がスポークスパーソンを務め、どんな記者会見にするべきかを、会議の参加者全員で、時にはボトムアップの意見を尊重して決定すべきです。緊急対策本部のメンバーには、関係部署の部長、役員、社長に加えて、理想的には、リスク管理室と広報部のスタッフ全員が含まれるべきです。

スポークスパーソンが決まったら、開催日時を決め、記者会見の「方向性」、すなわち、何をどのように説明するか、謝罪するなら何に対してどんな風に謝罪するかを緊急対策本部の参加者の同意を得て決めます。それが決まったら、会議は終了し、あとはスポークスパーソンと広報担当者だけで、方向性を冒頭スピーチやキーメッセージに具体的に落とし込んでいけば良いのです。

なおスポークスパーソンについて、話し手、登壇者、対応者、会見者など、いろいろな呼び方があります。それはともかく、スポークスパーソンがひとりで記者会見のすべてを仕切ることが大切です。すなわち冒頭スピーチはもちろん、すべての質問に答えるのが、記者会見での本来のスポークスパーソンの役割です。スポークスパーソンは、その重い責任を自らが引き受けることによって、信頼回復の第一歩を踏みだすことができると認識すべきです。同席者の役割は、スポークスパーソンの求めに応じて、テクニカルな助言をスポークスパーソンにおこなうことが本来の姿であり、スポークスパーソンに代わって記者に説明をしたり、質問に答えたりしてはいけないのです。

同席者が3人も4人も出てきて、それぞれが勝手な話をし、スポークスパーソンはまるで他人事のような表情で、同席者の話を聞いている。それだけではなく、自分に向けられた質問まで同席者に振ってしまう。こんな責任逃れの会見をおこなう責任者を持つ企業は国民に信用されません。

02 スポークスパーソンの服装

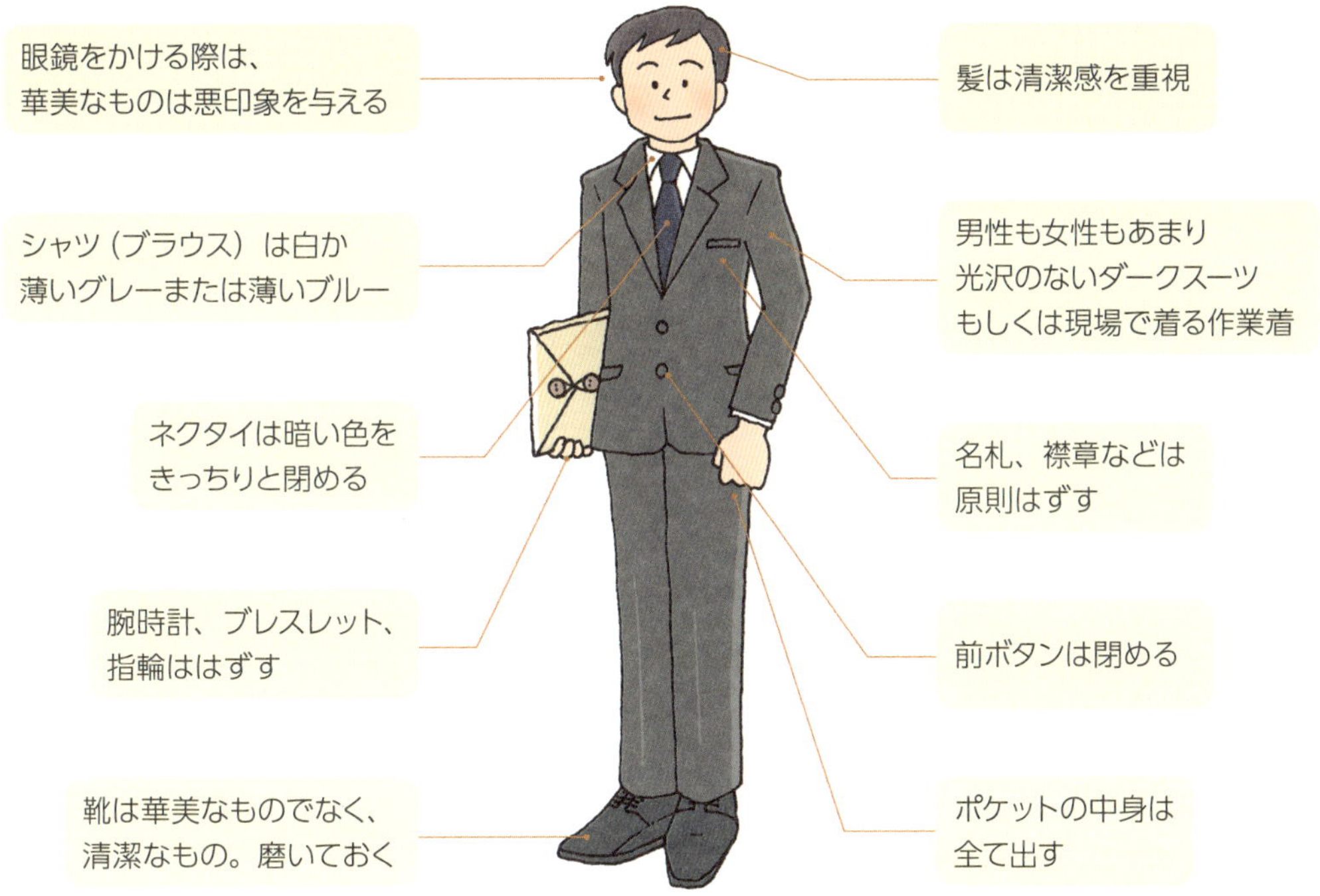

眼鏡をかける際は、華美なものは悪印象を与える
シャツ（ブラウス）は白か薄いグレーまたは薄いブルー
ネクタイは暗い色をきっちりと閉める
腕時計、ブレスレット、指輪ははずす
靴は華美なものでなく、清潔なもの。磨いておく
髪は清潔感を重視
男性も女性もあまり光沢のないダークスーツもしくは現場で着る作業着
名札、襟章などは原則はずす
前ボタンは閉める
ポケットの中身は全て出す

COLUMN スポークスパーソンと同席者

何度も開かれた三菱自動車の燃費不正の会見のある回でしたが、同席者の技術部長が、燃費不正をおこなったのは子会社の技術者の判断だったと明言しました。記者がスポークスパーソンである会長に「本社は知らなかった、子会社が勝手にやったということでいいのですね」と聞くと、会長は、「いや、そういう話をしているのではなくて、どこがやったにせよ、本社の責任はまぬがれないという話をしているのです」と答えました。まるで当事者ではなくて、評論家のコメントです。それだけではなく、このコメントを聞けば、ほとんどの国民は、質問に答えていない、本社は知っていた、逃げている、と思うはずです。私はそう思いました。事実、あとで、私たちが思ったとおりであったとの発表が当の企業からありました。

2000年に起こった雪印集団食中毒事件の記者会見の失敗は、「私は寝ていないんだ」という「捨て台詞」と共に、失敗事例の古典となりました。会見の壇上で、社長の話と工場長の説明に食い違いが何度も出てきて、天下に恥をさらしてしまいました。ただ、今となってみると、社長と工場長の壇上の言い争いは、まだかわいげがありました。口裏を合わせて国民をあざむこうとしても、三菱自動車の事例が示すとおり、記者の質問ひとつでばれてしまいます。逆にいうと、同席者を何人も引き連れて登壇し、同席者に話をさせたり質問に答えさせたりする緊急記者会見は、記者にとっては嘘を暴ける絶好のカモ会見であるのかもしれません。

記者会見開催の具体的な準備

03

各自の役割

記者会見のキーメッセージ、冒頭スピーチ、想定問答集は、スポークスパーソンと広報部長、広報部のライターが集まり、議論しながら作るのが一番良いと思います。私は米国で緊急記者会見の準備の様子をつぶさに見る機会が何度かありました。どの会社の社長も、他のアポイントをすべてキャンセルして、広報担当の責任者とスピーチライターの3人で執務室にとじこもり、時には部屋の外にまで響くような大声で議論を交わしながら共同で原稿を作りあげていました。どの会社でも社長の責任の感じ方の強さ、取り組みの真剣さに、圧倒されました。

この間に、他の広報スタッフは、記者会見に必要なスタッフを他の部署や広報代理店から確保し、役割を決めます。案内状の作成、ニュースリリースやその他の配布資料の準備、記者会見の会場の下見・レイアウト決定、会場の設営など、多数の業務があります。緊急記者会見の案内状の配信は、どんなに遅くても、開始2時間前には済ますべきです。司会者の台本も必要です。広報担当役員や、広報部長が司会を務めるケースが多いようですが、二人は会見の進行や、会見の内容そのもの、記者の質問などに目配りをするべきで、司会は広報課長などの部下に任せるほうが良いと思います。

係	役割	配置	必要人数	担当者名
記者会見総責任者	危機管理対策本部との連絡、全体の進行管理	司会者近く	1	
受付係	来場した記者から名刺を1枚もらい、中へ案内する。名刺を持っていない記者には身分証などを見せてもらい、芳名帳に記帳してもらう。身分が確認できない場合は受付責任者に後を引き継ぐ	記者入り口側（会場の外）	3〜4	
受付責任者	受付がスムーズに進むよう管理。身分が確認できない来場者については、全ての入場者のセキュリティ確保を理由にその場で媒体社に電話して確認を取る	受付すぐ側	1	
マイクランナー	質疑応答の際、挙手し司会者に指名された記者にマイクを届ける。追加質問がある場合もあるので、2、3問待ってからマイクを引き取る。ワイヤレスマイクの本数で人員調整する	会見会場両わき中ほど	2	
記者誘導係	出入り口付近で待機し、席が埋まってきたら入場してきた記者を空席に誘導。どこが空いているか常に把握しておく	会見開始後はドアのすぐ内側	1〜2	
ぶら下がり取材防止対応係	ぶら下がり取材をさせないために、取材対応者を関係者以外立ち入り禁止区域までエスコートする	マイクランナー、記者誘導係と兼務など	3	
記録用カメラマン	三脚を設置しビデオカメラで会見の模様を記録	記者誘導係と兼務など	2	
質疑応答記録係	質疑応答のやりとりをメモしておく	マイクランナー、記者誘導係と兼務など	1	

その他会場現場以外のスタッフ				
電話番	問い合わせ電話に対応	広報	数名	
資料配布係	関連する記者クラブに発表資料を別途配布	記者クラブ	数名	

03 会場レイアウトの一例

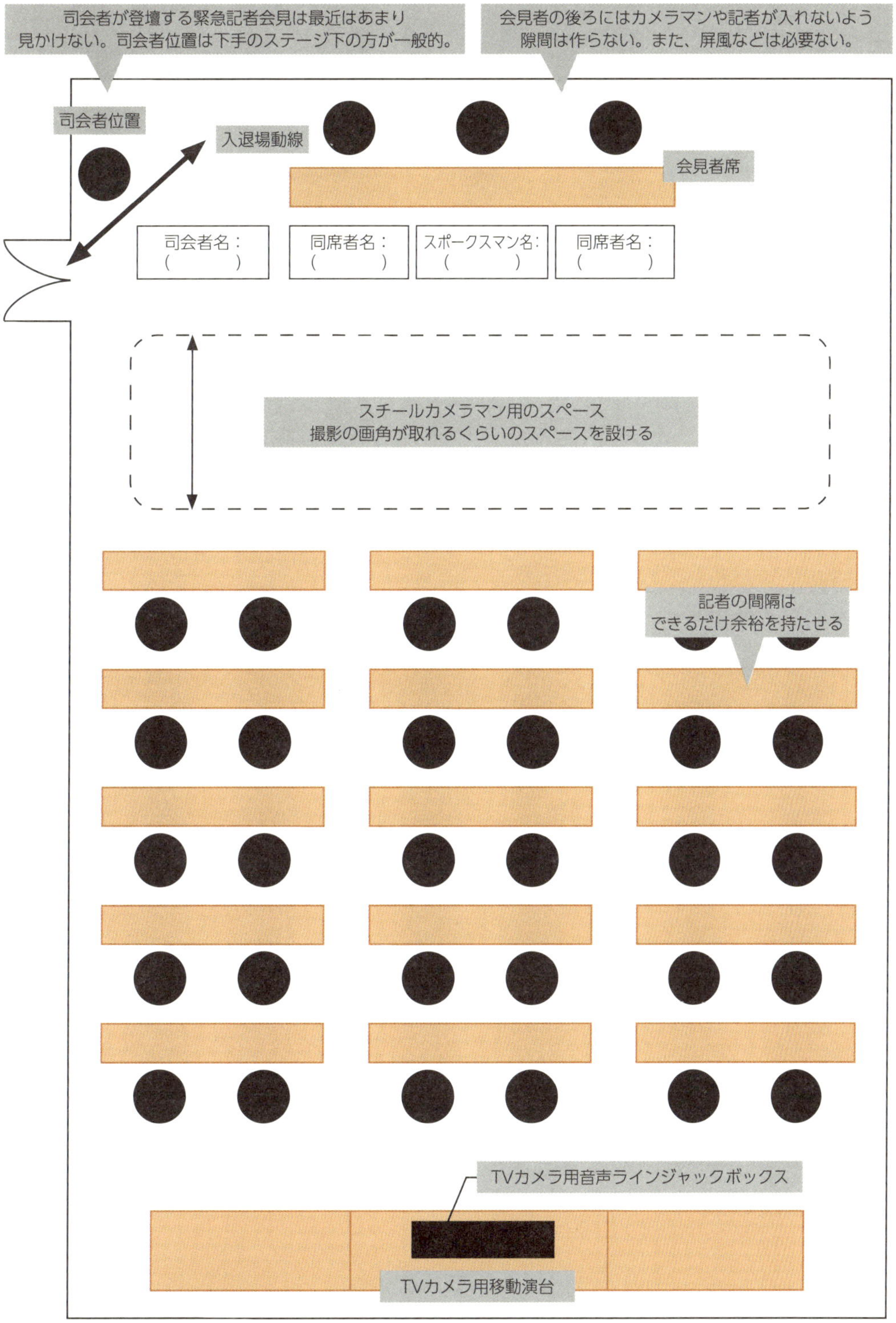

04 記者会見の開始

記者会見の進行台本見本

南青山三丁目交差点付近で配達担当の社員が４名の死傷者を出した架空の交通事故を事例として、記者会見の進行をたどってみましょう。登壇者は３人とします。

【会見前】

●壇上に、布をかけた長いテーブルを置きます。

●テーブルの上にはそれぞれの登壇者の名前が書かれた三角プレートを置きます。テーブルの着席者前に垂れ幕のように紙を下げることもあります。

●スポークスパーソンと同席者が、自然な形で指定の席の後ろに立てるよう、順番を決めて入場待機します。会見者が３人であれば、スポークスパーソンは真ん中に、向かって右が上席、左は下席と考えると良いです。

【会見開始】

ステージ下、通常は左手に立った司会者が一礼して話します。

司会「皆様、本日は急なご案内にもかかわらず、記者会見にご出席いただきまして、恐れ入ります。私は、本日の司会を担当させていただきますＸＹＺ株式会社の広報課長【氏名】と申します。それでは、早速、記者会見を始めさせていただきます」

司会者が話し終えた直後に、会見者は一列になってステージに入場します。入場時、それぞれが30度程度のお辞儀をし、指定の席の後ろで、座らずにまっすぐに立ちます。全員が指定の席の後ろに揃ったら、再び全員いっしょに30度程度のお辞儀をします。

司会「本日の出席者をご紹介させていただきます。ＸＹＺ株式会社社長【氏名】でございます」

紹介されたスポークスパーソンは45度程度のお辞儀をします。

司会「ＸＹＺ株式会社常務【氏名】でございます。人事を担当しております」

紹介された常務は45度程度のお辞儀をします。

04 入場から着席までの流れ

①入場

登壇の順に並ぶ。司会者は登壇する場合もある。登壇せず、あらかじめ会場のスタンドマイク前に立っていても良い。

②入場～着席

お辞儀のパターン

司会「XYZ株式会社常務【氏名】でございます。営業を担当しております」

同様にお辞儀をします。

司会「最初に一点、お願いがございます。私どもの正式名称はXYZ株式会社ですが、以降「XYZ」の略称で、お話をさせていただきたいと存じます。それでは、本日の進行を説明いたします。まず○○社長より港区南青山三丁目交差点付近で発生した事故につきまして、説明をさせていただきます。その後でご質問をお受けします。会見時間は全体で1時間を予定しておりますが、ご質問が多い場合は、30分程度の延長も考えております。よろしくお願いします。それでは、○○社長、お願いします」

※通常は会見の時間を区切らない方が良いですが、およその目安は知らせるべきだとの考えもあります。

社長はテーブル上のマイクを取り上げ、姿勢を正し、立ったまま話します。顔を上げて自分の言葉で語ることが重要です。同席者も立ったままでいます。

社長「XYZの商品配送車が引き起こした交通事故で、2名の方の尊い命が失われ、また、別の2名の方々に怪我を負わせてしまったことにつきまして、誠に申し訳なく思っております。お亡くなりになった方々のご冥福をお祈りいたしますと共に、お怪我をされた方々には、一日も早いご

おき、登壇者全員が、そろって立ち上がり、謝罪のお辞儀をします。

社長「今回の事故原因に関しましては、現在、警視庁赤坂警察署が捜査をおこなっておりますので、原因につきましては、私どもからお話しはできません。またお話しをする立場にはないと思っております。とはいえ、XYZの商品配送車が歩道に乗り上げ、歩道におられたお二人の尊い命を奪い、別のお二人に怪我をさせたことは明らかでございます。

XYZの商品配送者は、歩道に乗り上げる直前に、乗用車に接触されて、そのはずみで歩道に乗り上げたと赤坂警察署はメディアおよび関係者に説明をしております。その詳細と、接触事故がどのようにして起こったか、その原因はどこにあるのかにつきましては、赤坂警察署が現在捜査中であると聞いております」

以降、事故の状況については、

「詳細については分かっておりませんが、現場の状況や、警察および目撃者の話によれば、」

と断って、明らかなことの概要を話します。事故原因に関わることは、極力話しません。

原因はどうであれ、XYZの商品配送車が歩行者の命を奪い、怪我をさせたので、その点を謝罪するという気持ちで謝罪すれば、その言葉がXYZの法的責任に影響を与える

快復を願っております。ご遺族、ご家族、親戚、ご友人、そして、多くの皆様にも心配と迷惑をおかけいたしました。心よりお詫びを申しあげます」

社長はマイクをテーブルの上に置きます。姿勢を正し、同席者とそろって約90度のお詫びのお辞儀をします。少なくとも10秒は、お辞儀を解かないでいましょう。

お辞儀の姿勢を解き、顔を上げ、しっかりと正面を向いて、着席断りのコメントを入れます。

社長「それでは、失礼をいたしまして、ここからは着席をさせていただき、説明をさせていただきます」

同席者も、社長と同時に着席します。着席後は、マイクは手にして話すより、マイクスタンドのホルダーに挟んだ方が良いです。

※スムーズに挟めるよう、あらかじめ練習しておきましょう。

社長が冒頭コメントを読み上げます。公式なコメントですので、一字一句間違いがないよう、正確に読みます。ただし、原稿にずっと目をやり続けるのではなく、段落の終わりで顔を上げ、再び目を落として読み上げる形をとります。冒頭コメントの中に、謝罪の言葉が出てきますが、その度にお辞儀をしたり、頭を下げたりする必要はありません。ただし、冒頭コメントを読み上げる間にもう一度、謝罪のお辞儀が必要と判断した場合、必ず事前に打ち合わせをして

ことはあり得ません。

また、被害者の氏名や搬送された病院などの情報は、XYZからは発表しません。

※警察が遺族や怪我人本人の意向を聞いて、発表することはあります。

事故の責任と補償については、「できることは当然やる。ただ、事故原因が分かっていないので、詳細は決まっていないし、話せない」とします。

XYZの商品配送車の運転手については、勤務状況などを話します。通常名前は言いませんが、年齢、性別、XYZ勤務年数などは話します。

一通り事故の状況にまつわることを話し終えたら、再発防止の取り組みについて話します。

その後、XYZの基本理念について話します。

社長「XYZは、企業活動をおこなうにあたって『人々の健康、安全、安心に寄与する』ことを社是としてきました。交通安全についても、日頃から、法定速度の遵守を大切にしてきました」

最後に社長からの一言で冒頭スピーチを終えます。

「私からのご説明は以上でございます」

司会から質問に移る旨を伝えます。

司会「それではここでご質問をお受けします。ご質問の前に、社名とお名前をお知らせくださいますようお願いします。○○社長と共に、○○常務と○○常務がお答えに参加いたします。では挙手にてお願いします」

司会「前列右側の女性の記者の方、ご質問をお願いします。ただいまマイクをお届けします」

マイクランナーは、急いで、指名を受けた記者にマイクを届けます。社長が基本的に質問のすべてに回答し、同席者は社長に追加説明を求められた時のみ、対応します。社長が同席者の支援を求めるかもしれない質問としては、XYZの運転手の直近の勤務状況、過重労働がなかったか、運転歴、健康状態など、また、事故を起こした車の車種、運用年数、何を運んでいたか、同乗者についてなどでしょう。ただし、記者が「○○常務にお聞きしたいのですが」というように指名してきた場合は、指名された同席者が直接答えます。

※質疑応答については、第3章12の想定問答集を参照ください。

質問がなくなったら、あるいは時間が迫ってきたら、司会が終了のコメントをします。

司会「他にご質問はございませんか？ 質問もないようですので、以上をもちまして記者会見を終了させていただきます」

または、

司会「まだ質問がつきないようでございますが、誠に申し訳ありませんが、時間が大幅に超過しておりますので、次の質問を最後の質問とさせていただきます」

司会「本日は、皆様のご参加、感謝いたします」

司会の会見終了のコメントで、会見者は全員立ち上がり、姿勢を正し、45度のお辞儀をし、直った後、すぐに、出口に近い者から順番に退場します。

危機管理広報の記者会見の場合、絶対に「ぶら下がり」のコメントを求められないように、あるいはコメントをしないように、記者会見終了と共に、スポークスパーソンと同席者を記者から完全に隔離できる退場動線を確保します。

COLUMN 記者会見失敗の原因

不祥事等は大々的に報道されても、一回きりの場合は、企業の名声に与える影響はそれほど大きくはありません。人間は喉元過ぎれば熱さを忘れる特技をもっています。実際、記憶には忘却曲線というものがあって、一日で記憶の80%ほどが失われてしまうそうです。しかしそれは「意識上の記憶」の喪失であって「無意識の記憶」は残っています。不祥事報道がくり返されると、無意識の記憶は、ロゼッタ・ストーンに刻まれたエジプト文字のように変化して、永遠に人々の意識に残ってしまいます。2016年の三菱自動車の燃費不正に関わる一連の記者会見は、この意味で失敗の教科書みたいだったと私は思っています。

隠蔽は問題外ですが、記者が突っ込んでいけば発覚しそうな問題は、先に発表したほうが勝ちです。先手必勝という四字熟語がありますが、メディアとの戦いでは大きな効果を発揮します。先に企業が発表すれば、どのメディアにとっても特ダネにはなりません。発表の内容にもよりますが、トップニュースや一面を飾る記事にはならないことのほうが多いでしょう。

不祥事記者会見の失敗の事例を見ると、記者会見をおこなう企業自体が、自分は被害者であるという意識をもって記者対応にあたったことが問題だったケースがいくつもあるように思えます。

マクドナルドのカサノバ社長は、中国のサプライヤーのチキンナゲットの不衛生な製造過程のニュースが報道されたことに関して、マクドナルドも被害者だと記者会見で明言しました。消費者の感覚からすると呆れるほどの乖離がありました。

ベネッセの個人情報漏洩問題にしても、業務委託先が加害者で、自分達も被害者だとの意識が記者会見の中でちらほらと感じられました。

エアバッグ問題のタカタの場合は、会長や経営陣が、被害者意識をもち続けていたという記事を読みました。アメリカでの最初の死亡事故が起きたのが2009年のことですが、エアバッグが原因とされる事故でそれ以降10人以上亡くなった2015年になっても「原因も分からないのに私たちは悪者にされ糾弾されている」とタカタの経営陣はメディアに話し、被害者意識を隠さなかったそうです。タカタはもとはシートベルトのメーカーでした。エアバッグを安定供給してほしいという自動車メーカーの要請を受けエアバッグ製造を始めたのです。エアバッグでは世界市場でシェア20%を占めるようになり、最大の稼ぎ頭に育ったのですが、それでも自分達はメーカーに乗せられて、こんなものを作ってきたと考えていたのでしょうか？

別章

ケーススタディ

チョコレート異物混入事件

「チョコレート異物混入事件」

ここで、骨休めにケーススタディをご紹介します。さまざまなケースについての紹介ではなく、異物混入事件のひとつのケースだけです。これはフィクションですが、危機管理広報はどのように実施すべきか、その思いとは裏腹に現実はどうであるかを、私の経験を踏まえて、ご紹介するものです。あらゆる組織のあらゆる危機管理広報の実施において、正義と倫理と現実との葛藤についてヒントを提供できるストーリーだと考えております。

フィクションではありますが、架空の事件ではありません。危機管理広報のコンサルタントとして、私が関与したケースを参考にしています。ただし、物語の基となった会社は製菓業ではありません。業種を移植しました。物語の中で使った名前はすべて仮名です。

チョコ製菓株式会社

チョコ製菓株式会社は、東京に本社をおく菓子メーカー。創業は30年前、従業員500人の中堅企業で、全国的に名が知れている商品は「ナッツチョコ」。スーパーやコンビニで広く販売されている。

チョコ製菓の現社長は創業社長の2代目。5年前に引退した父親の後を継いだのだが、彼自身はほとんど表に出ず、3役員に経営を任せている。何らかの身体的な障害があって表舞台に出るのを嫌っているという噂も。そのためか、数年後に社長を現在の3常務のうちの一人に禅譲すると公言している。その3常務とは、マーケティング・販売担当の斉藤常務、生産担当の相内常務、総務・広報・宣伝担当の島田常務である。

一見きれいごとに聞こえるが、社内では禅譲を言葉通りに信じている人は当の3常務を含めてほぼいない。むしろ3人を国盗りの戦国武将のように競わせる恐怖政治的な経営と感じている社員が多い。業績向上の厳しいノルマを課し、売り上げと利益への貢献度で評価するからだ。もっとも、しわ寄せを受けているのは従業員。業績は急カーブで向上しているものの、前社長時代の家族的な雰囲気が消失して倫理やコンプライアンスが軽視され、荒廃した空気が漂っている。

そんなチョコ製菓にも広報部はある。しかし危機管理広報のマニュアルというものは作っていない。ただ、創業社長の時代に作成、施行されたリスク管理規定と危機管理規定の2つのマニュアルは存在し、機能している。

島田常務は、コールセンター担当役員とリスク管理本部長も兼任しており、かねてより「何かあれば自分が陣頭指揮にあたるので、危機管理広報のマニュアルなど必要ない」と豪語していた。

前社長の時代は家族的な経営を第一としたので、その時々で業績の波はかなり上下していた。しかし、アルバイトも含め人員削減などは一度もおこなわれず、問屋や、その先の小売り業者、最終顧客である一般消費者との間で、大きなトラブルが発生したことは一度もなかった。温かく紳士的な社風で、従業員や取引先に優しい企業として有名だった。

しかし、新社長の代になり、社風は大きく変わった。生産担当の相内常務は、手作り的な要素も残っていたそれまでの多数の菓子生産機器を工場から一掃し、製造・包装・検査がパッケージになった最新の機器からなる生産ラインを5つ導入。費用は長期のリースでまかない、工場から約40人のアルバイト社員を削減したのだ。もちろん、生産効率は向上し、経費は下がった。アルバイト社員の削減については、内実はスムーズではなかったものの、報道機関の注意をひくこともなく、なし崩しに完了した。しかしながら、この改革によって、残った工場の従業員のモラルは大きく低下した。

導入した最新機器の中で、相内常務が特に力を入れたのは、チョコ製菓の主力製品であるナッツチョコの生産ラインに組み込んだ異物検査機だ。この検査機は、包装済みチョコの中に紛れた金属・石などの異物はもちろんのこと、細かいビニール片までを超高速で検出できる。異物が検知された商品は、200個まとめて段ボールに自動包装される工程の前に、ただちに製造ラインからはじきだされる。

異物検査機、作動

8月2日、ナッツチョコ生産ラインで、異物検査機が作動し、包装済みのナッツチョコ3箱がラインからはじきだされた。当日の生産ライン担当の鶴岡次長は、ただちにシステムを止め、部下と共にはじきだされたチョコを開封して目視検査をした。3箱とも中身の板チョコの中に複数の小さなビニール片が混入していた。ビニール片は青色で、前日に取り換えた原料攪拌ユニットの羽根を覆っていたビニールの破片と断定された。羽根の取り換えをした際に一部がはがされずに残ったままになってしまったのだろうと推測された。

鶴岡次長は危機管理マニュアルに従ってただちに工場長に報告し、工場長は生産担当の相内常務に報告した。相内もマニュアルに従い、マーケティングと販売担当の斉藤常務に連絡した。こうして、二人の役員とその部下数名、および工場長、鶴岡次長とその他の生産ラインの担当者ら数名で最初の緊急会議が開かれた。この会議の目的は現状を把握し、原因を可能な限り突き止め、初期対応を決定することだった。

なお、島田常務と広報部長には声がかからなかった。しかも会議内容は極秘とされたため、本件が島田常務と広報部長の耳に入るまでには時間がかかった。

前社長時代に作られた危機管理マニュアルには、時代遅れの部分もあったが、そのまま使われてきた。最近作られたマニュアルなら、島田常務と広報部長が緊急会議に呼ばれることはなかったにしても、その後に「インシデント」として、二人を含む役員や関連する管理職には報告が義務づけられているはずである。

さて、緊急会議で最初に話題としたのは、羽根を取り換えてから2時間の間に生産されたナッツチョコの現時点の所在だった。この点は、10年前に作られたマニュアルにも、第一にやるべきことに指定されていた。「消費者の安全を守る観点から生産品の現状把握を第一におこなうこと」と書いてあった。

ただちに調査した結果、2時間で生産された約6000箱の大部分はまだ自社の配送センター内にあり、200箱入りの段ボール箱12個、合計2400箱のナッツチョコだけが、卸売会社に出荷されていたことが判明した。出席していた販売部員が会議室から問屋に電話を入れると、小売店に出荷するためのさらなる小分け作業は開始していないことが分かった。ただちに営業部員が卸売会社に出向いて、段ボール箱12個を未開封のまま回収した。

次は原因究明である。自社配送センターのストック分と卸売会社から回収した全商品から無作為に取り出した約100箱のナッツチョコを会議室で手分けして開封し目視したが、どれ一つ異常はなかった。卸売会社から回収した残りの全箱の約2300個を工場に運び、再度異物検査機を通して調べた。はじきだされた箱はなかった。

この結果、生産担当の相内常務は、次の結論を出した。

●攪拌機の羽根に残っていたビニール片は、1、2センチ四方の破片1枚であり、その破片が攪拌中に粉砕されて細かなビニール片となって材料に練り込まれた。しかし、破片は異物検査機がはじきだした3箱だけにとどまった。

●最新の異物検査機はスペック通り、細かなビニール片まで、みごとに検知した。

●攪拌機の羽根取り換え後に生産されたナッツチョコは、サンプル検査で開封した箱以外の合計約6000箱をすべてを出荷する。

ナッツチョコの生産ラインは、機器と材料の念入りな点検のあと、再稼働した。

最新検査機の活躍で、大きな危機にならなかったと緊急会議出席者は胸をなでおろした。この会議開催と会議の内容は、参加者だけの胸の内にとどめ、極秘とすることにした。

ナッツチョコを回収した卸売会社には、異物検査機を通して再検査した2300箱に新品100箱を加えて、直ちに戻した。その間3時間で、卸売会社も「出荷に大きな影響はない」と言っていた。

コールセンターへの問い合わせ

それから7日後の8月9日午前11時頃、ナッツチョコの購入者と名乗る男性からチョコ製菓のコールセンターに電話が入った。

「昨日、コンビニで買ったナッツチョコの中にビニール片みたいなものが入っていた」

コールセンターには、異物混入の可能性に関する事前の警告がなかったので、担当者はマニュアルにある異物混入クレームの一般回答文言を使っていねいに対応した。

「お手数をおかけして申し訳ありませんが、そのチョコレートを弊社に宅配便または郵送で送っていただけますか？　受取人払いにしてください。もちろん残った部分で結構です。弊社で詳細に検査し原因を究明いたします。そちら様には、ただちに代わりの新しいナッツチョコを1箱お送りします」

しかし男性は納得せず、「そんなことで済むと思うんですか！」と言い、名前も告げずに電話を切ってしまった。

その後コールセンターの担当者は、マニュアル通りに所定のフォームに書きこんで、コールセンター担当役員の島田常務と生産担当の相内常務に報告した。

ツイッターに異物混入の投稿

同日午後5時、お菓子情報を専門に扱うネットメディアの鈴木記者から広報部宛てに電話が入った。対応したのは部員の伊東光太。彼は、鈴木記者のことをよく知っていた。

「いつもお世話になっております」と伊東。

「ご存じですか？　ナッツチョコに異物が入っていたというツ

イッターの投稿があります。写真付きです」と鈴木記者。

「ほんとに？　初耳です」

「1時間ほど前に投稿されています。リンク送りますか？」

「いいえ、大丈夫です。検索します。ありがとう」

伊東は直ちにツイッター検索で調べた。彼はツイッターに自分のアカウントを開設しているがROM専だ。つまり読むだけ。投稿はまったくしない。しかしほとんど毎日何度か事務所のPCから、ツイッター投稿を検索する。それは簡単な作業だ。気晴らしにもなる。ツイッターがネットのホームページに提供している「高度な検索」というページを開き、調べたいキーワード、例えば「チョコ製菓」あるいは、「ナッツチョコ」と打ちこみ、調べたい日にち、または期間を選べば、新しい日付順に投稿と、添付があれば写真・動画などすべてが投稿日順に瞬時に表示される。

一発で出てきた。投稿時間を見ると1時間30分前。写真が添付されている。開封されている板チョコレートの断面写真だ。断面には、チョコに埋まっている青い紙片のようなものがはっきり見える。板チョコのまわりに一部銀紙が残っている。ナッツチョコの外箱が横に並べてある。

ツイッターのコメントは「きのうコンビニで買ったナッツチョコに青いビニール片みたいなものが埋まっていた。コールセンターの対応は生意気だ。チョコ製菓が調査する。郵送すれば、代わりを送る、という。それでおしまいにするのかよ？」

投稿者名は「チョコ好き」。自己紹介文には「チョコが大好きな男性」だけ。20件のリツイート、18件のいいね。フォロワーは20人。どうやら「チョコ好き」はこの投稿のために新たに作ったアカウントのようだ。リツイートした人達は全員がフォローのボタンを押したと推察される。炎上を期待してか？

伊東は在席していた中村広報部長に、席に座ったまま口頭で報告した。広報部のシマ内の2メートル先のデスクだ。在席の広報部員2名がいっせいにツイッターのサイトを開いたようだ。広報部長は50代前半だが、検索はお手のものだ。伊東が部長のそばに行ったときは、すでに投稿された写真をスクリーンに拡大してのぞき込んでいた。

「ねつ造写真には見えないな」と部長がつぶやいた。

「総務では大騒ぎのはずだが、何も言ってこない。のぞいてくるか」彼は席から立ちあがった。

「総務、知ってるんですか？」と伊東が聞いた。

「そのはずだ。ソーシャルメディアのモニタリング会社に毎月大枚をはたいているのだから」

「そうでしたね」と伊東。

「島田常務は危機管理とコールセンターを統括してるから、ネットは総務が担当するとの決まりでした」

「宣伝の方には彼なりに気を使っているみたいだが、広報は完全に無視だ」と中村部長。

島田常務は総務、宣伝、広報、危機管理、コールセンターを管掌している。次期社長候補の3人の常務は、売り上げと利益への貢献度で社長が評価していると聞いているが、島田常務の担当で、唯一売り上げ・利益への貢献度が可視化できるのは宣伝だけかもしれない。

「ネットのモニタリング会社の定期レポートやアラートは、宣伝部と斉藤常務のマーケ・販売部に転送されている。広報にも転送してほしいと島田常務にお願いしたが、必要なデータは都度総務から送ると一蹴された」中村部長はいまだに納得できないという表情で言った。

「でもこの投稿の対応は、広報マターですよね？」と伊東。

「もちろんだ」と言い残して、中村部長は上の階にある総務部に向かって、部屋を出て行った。

投稿は無視

伊東は、その後、ほかの仕事をしながら、10分ほどおきにツイッターを検索した。午後4時から6時までの2時間で、リツイートが10件ほど増えたが、新規の異物混入のツイートはない。「チョコ好き」からの新しい投稿もない。

伊東は、広報部で、部長、課長につぐ3番手だ。入社6年目の28歳。メディア対応、ニュースリリース作成などが中心業務だ。広報に配置されてから4年間、危機管理広報対応の経験は一度もなかった。穏やかな性格だが責任感は強く、メディアからのリクエストには誠心誠意こたえようと努力する。いまの仕事が大好きなのだ。ちなみに職位がひとつ上の米山広報課長は社員向けの内部広報を担当している。伊東の下には2名の若いスタッフもいる。

午後6時半を過ぎていた。昨今の働き方改革の影響で、チョコ製菓は伊東にとってより働きやすい環境となっていた。残業の事後申請が認められなくなったのだ。残業代を稼ぐために居残っているとしか思えない人達もいたが、それはできなくなった。逆に伊東のように通常はあまり残業はしない者にとって、忙しい時は必要なだけ遠慮なく申請できるようになった。それに、今置かれたような状況の場合、これまでと違って何の気兼ねもなく部長の携帯に電話ができる。

「部長、今日、私、残業すべきでしょうか？」と伊東が携帯に出た部長に聞いた。

「1時間、できるか？」

「はい、大丈夫です」

「あと30分で戻る」

事務室には伊東しか残っていない。まだ6時半なのに。部長はきっかり30分後に戻ってきた。2時間30分の会議のせいか、疲れ切った表情だ。伊東に会議の内容を話した。

「異物検査機でナッツチョコレートが3箱はじき出された。その日の稼働前に取り換えた攪拌機の羽根に付着していたビニール片が粉砕されて、この3箱のナッツチョコに練り込まれたからだと相内常務が言っていた」

「では、ツイッターに投稿する謝罪文の原稿を書きましょうか？」と伊東が聞いた。

「必要ない。2時間半かけての議論の結論は、投稿は無視だ」

「無視？　そんな…。誰が決めたんですか？」

「三人の常務の完全一致だ。ただそれぞれの思惑は違う」

相内常務は、最後まで、投稿はニセ写真だと言い張った。攪拌機の羽根交換後の生産分すべてを徹底的に再検査してから出荷した。他に異物混入のナッツチョコは出なかった。異物混入チョコが出荷されたことはあり得ない。だから無視、という乱暴な論理だ。相内常務が言うには、ラインが止まったあと、異物検査機メーカーの技術者を呼び出して、はじき出されたナッツチョコに混入していたビニール片の10分の1くらいの小さなビニー片を混入してテストした。そんなサンプルも正確に検出したという。相内常務は高価な検査機器導入の責任者だ。自慢の機器が異物を見逃したとあっては、切腹モノだ。

　マーケ・販売担当の斉藤常務は内心、クレームの写真はホンモノだと思っているようだが、リコールなどの大事になるのは防ぐべきだと考えている。リコールはとんでもない多額の経費を必要とするからだ。それで珍しく二人が共闘して総務の島田常務を責めている。投稿者が書いたように、コールセンターの対応が悪かったのが、ねつ造写真投稿の原因だと言って。

　島田常務は、怒り狂っていた。最初から最後まで、今回の問題の原因は、緊急会議に自分を呼ばず、会議内容を秘密にしたことだと叫んでいた。ラインが止まって不良品が出た。そんなことがあったと分かっていれば、異物混入に関するクレームが来たら、すぐに対応をベテランに代わらせた。クレームをおさえ、ツイッター投稿などは絶対にさせなかった、と。ツイッターに「コールセンターは生意気」と書かれたことが頭にきているようだ。実際、年に100件くらいは異物混入のクレームがある。ナッツチョコだけでなく全商品に対しての話だ。しかし商品を送り返してくるクレーマーは5、6人しかおらず、調べてみると製造過程で混入したとは考えられないものばかりだ。そんなヤカラを熟練の対応技術で手なずけ、黙らせてきたオペレーターが何人もいるのだ。

「どうやって黙らせるんですか?」と伊東が聞いた。

「規則上は代替品は、クレーマーが買った個数だが、声のトーンの激しさで対応を決めるのだそうだ。うるさいヤツには同じ商品を20箱送って、黙らしたこともあるらしい」と中村部長。

「ただ、チョコ製菓が検査するから、問題の商品を当社に送れというような印象を与えたとしたら、それは良くないですね」と伊東が言った。

「私もそう思う。しかしあの投稿にどう対応するかという点からは、枝葉末節の議論だ。この話だけで1時間もやりあっていた。最初の緊急会議に呼ばれなかったことが最大の原因だと島田常務が言い張るので、二人は引き下がれなくなった」

「コールセンターのマニュアルは誰が作ったのですか?」と伊東が聞いた。

「マニュアルは引き継いで何年もそのまま使っている。時代に合わせて書き換えるのも島田常務の仕事だ」

会議の後半は、異物混入のクレーマーに対するコールセンターの対応文言をどうするかとの議論になり、「弊社で調査する」ではなくて、「お客様にとってそのほうが良ければ保健所なり消費者センターなりにお持ちこみください」の文言を追加することになった。

「いいですね。相内常務、斉藤常務にしては、画期的なことを言いますね」と伊東。

「そうじゃないんだ。スピーカーフォンを通して、危機管理広報のコンサルタントという人が参加していて、その人がそうアドバイスしたんだ。最初は、3人そろってコンサルタントのアドバイスに猛反対した。はじめからおおごとにするのか、と。コンサルタントは食中毒を招くような異物混入もあるかもしれないので、1分でも早く保健所に問題の商品を持ちこんで検査してもらうことが最良の策だと言った。保健所は必ずメーカーに連絡をしてくる。ビニールの破片だということが分かれば、保健所だって記者会見を開いて発表するほどのことではないと考える。しかも、この手順をとれば、メーカーは保健所と共に安全対策を第一にしているという印象を消費者に与えることができる。炎上を抑える効果がある、と」

「同感です」と伊東が言った。

「ですから、早めにツイッターで対応をするべきです。さっそくチョコ製菓として、謝罪して、アドバイスを受けた文言を加えて投稿しましょう」

「私も会議でそう提案した。コンサルタントは、全面的にサポートしてくれた。ツイッターで起こったことはツイッターで対応するのが一番良い。ただちに謝罪し、原因究明のために弊社に問題のチョコレートを送るか、または保健所、消費者センターなどに持ち込んでくださいとのツイッター投稿をするべきだ、と」

「それでも投稿は無視なんですか?」

「結果的にはね。それから1時間以上、不毛の議論だ。謝罪すれば異物混入を認めたことになると3人が口をそろえて言う。コンサルタントは、こんな場合、投稿者の言うことは本当だとして対応することが原則で、問題のチョコレートが手に入れば事実かどうか分かる、真摯に対応していることがツイッター上で分かれば炎上しないと力説した。彼は、会議の途中から呼ばれて電話参加したので、異物を検出してラインが止まった話は聞いていないようだった。そのあと、不毛の議論というより3人の内輪喧嘩みたいなものがえんえんと続いて、コンサルタントは、呆れたんじゃないかな、次の仕事があるといって電話を切って、会議から退出した」

「内輪喧嘩の様子、目に浮かびます」と伊東。

「そのあと島田常務が、ソーシャルメディアのモニタリングの会社に電話した。担当者が出てきたが、異物混入のツイッター投稿については何も知らないと言ったそうだ。驚いたね。これまでに総務に送られてきた『ツイッターに異物混入の投稿』の警告は、コンピュータがキーワードと社名と投稿内容から判断して、自動で文面を作ってウチに送ったのだそうだ。機械がやるので、投稿とほぼ同時に検知してこちらに警告が入る。我々が鈴木記者から教えてもらう1時間半も前に、アラートは島田常務のところに届いていた。毎日送られてきているデータも全部自動生成だそうだ。モニタリング会社では、人間はだれ一人顧客に送るレポートの内容は読んでいないとのこと。顧客から質問があった時のみ人間が対応するのだそうだ。気味が悪い」

「SNSはツイッターだけじゃないですから…ましてやソーシャルメディア全体となると、顧客ごとに一日に数回のソーシャルメディア掲載レポートを作成するなんて、コンピュータでないとできない芸当でしょう。それにしても送り主のモニタリング会社のだれ一人自分達が顧客に送るレポートを見てもいないというのは、たしかにブキミですね」

「ただ問い合わせに出てきた担当者は、説明を受けると電話の向こうで瞬時に検索して、あっという間に全体像をつかんで分析した。すごいね。炎上はまずない。炎上ねらいであれば、ゴキブリ混入みたいなショッキングな話にするはずだ。しかもこの投稿者は、1回きりで、次々と投稿はしていない。通常は、数分おきに、次々と投稿する。例えば、チョコ製菓の対応がどうだったとか、保健所に持ち込んだとか、担当者が買い戻しにきたとか」

中村部長は、この説明がモニタリング会社の担当者からあると、島田常務が、我が意を得たりというばかりに叫んだという。「こいつは、コールセンターに1回電話してきただけで、名前も、連絡先も言わず、その後、我々に連絡さえしてこない！　はじめからイカレてるのだ」と。

モニタリング会社の担当者は説明を続けた。

「今、SNSもふくめたソーシャルメディア全体を検索しました。最初の異物混入投稿から3時間ほどたっています。ツイッター内の拡散だけです。それも30リツイートにすぎません。ツイッター以外のソーシャルメディアはどこも取りあげていません。とりあえずは、炎上はないと思います」

伊東もその分析に同感だった。炎上するのであれば、この時点で投稿がツイッターに殺到しているはずだ。

「それで無視することが最善の策だということになったんだ」と部長は言った。

「しかし、炎上しそうにないから、無視というのはおかしいです。謝罪して、投稿者に原因究明に協力してくださいと言うべきです。無視されたというクレームが後で投稿されないとも限りません」

「私も会議でそう言った。島田常務から、黙れ！　の一喝だ。3人とも、SNSを地雷みたいに思っている。島田常務は、触らぬ神にたたりなしだと言って、無視を先導した」

「モニタリング会社は？」

「3人の役員に触らなければたたりはないと判断したらしい。御社がお決めになることが最善の策です、と」

3常務の決定には逆らえなかった。

この投稿問題は終わったかに見えた。それから3日間の連休期間中、新規の投稿もなく、リツイートもない。フォロワーも30人で、固定したままだった。

吉田記者の取材電話

投稿発生から12日目の8月14日午前11時だった。毎朝新聞の吉田と名乗る男から広報に電話が入った。

伊東が対応した。彼は吉田記者は知らないので、自分で決めた取材対応手順に従い、相手の所属とフルネームと電話番号を聞いた。

吉田は社会部所属の記者だと言った。下の名前と電話番号を告げ、「うちの山下がお世話になっています」と言った。毎朝新聞の山下記者は経済部所属で、チョコ製菓のプロモーションの記者会見等に出席し、島田常務にも会っている。

「こちらこそ山下様には大変お世話になっています」と伊東は答えた。

吉田記者の質問は、年間、何件くらいの異物混入のクレームがあるかだった。彼は取材の背景を話した。昨年、あるハンバーガーチェーンが異物混入の事件で大揺れし、副社長が記者会見をしきった。記者が「年間、どのくらいの異物混入のクレームを受けるのか？」と聞いたが、副社長は答えなかった。記者は食い下がった。副社長は毅然として公表できないと答えた。この質疑応答がテレビニュースにとりあげられ、ネットで小炎上した。隠蔽体質との言葉が飛びかった。

吉田記者は続けて話した。

「その会見から時間が経ち、たまたま、当時の副社長に会ったので、なぜあのとき、およその数を言わなかったのかと聞いた。答えられないと言うと、メディアも国民も隠蔽だ、あるいはとてつもなく多い数に違いないと、悪く解釈する。およその数を言えば、満足してそれで終わるのにと」

するとと副社長は驚くような話をしたという。「異物が混入しているとか味が変だというクレームは年間1000件くらいです。しかし、内容が本当だと思えるクレームは、あったとしてもその中の1、2件です。近くの店舗にもちこむか、本社に送ってほしいとお願いしても、まずやってもらえない。これが事実です。記者会見の場で、本当のことは言えないでしょう。1000件ほどあるけどほぼ全部がニセクレームだ、とは。最近、我が社は、クレームによっては、保健所に相談してくださいと話しています。しかし、保健所から問い合わせがくることはないですよ」と。

吉田記者は続けて説明した。

「これに関連して、クレームの実態についての記事の取材です。全部で20社ほどに問い合わせています。お話しいただいても、もちろん社名を出すことはないです。チョコ製菓ではクレームは年間どのくらいありますか？」

「うちは規模がちいさいですから、10分の1程度です。送り返していただいた商品を検査して、製造過程で異物が混入したと断定できるケースは、これまで一度もなかったと聞いています」と伊東は答えた。

「やっぱりそうですか」と吉田記者は言った。

「すると、4日ほど前に投稿があったナッツチョコのビニール破片混入の件も、おもしろ半分のいたずらなんですか？」

伊東は話が違うと思った。受話器を耳にあてたまま、身構えて答えた。

「そんなことはないです。この件については原因は不明です。異物混入があったと主張されているチョコレートを送料受取人払いで私どもに送ってくださいとお願いしましたが、まだ届いていないと聞いています」

「10日ほど前に生産ラインで、混入を疑わせるような事象はなかったんですか？」

12日前に異物検査機が、ナッツチョコ3箱をはじき出したのが、投稿問題のはじまりだった。内心どきっとしたが、きっぱりと答えた。演技も仕事の一部だと心に言い聞かせて。

「いいえ、そんな話は聞いていません」

「じゃ、今朝の投稿は何なんでしょうね。10日ほど前に、ある菓子問屋から、御社が2400箱のナッツチョコレートを回収したと書いている」

伊東の顔色が変わった。今朝はツイッターのモニタリングをしていない。受話器を手でふさぎ、隣の席の同僚に検索するよう依頼した。

「すみません、朝から忙しくしていて、ツイッターを見ていないんです」と伊東は言った。

同僚が自分のデスクのモニターの向きを伊東が読めるように変えた。「チョコ製菓は異物混入を隠蔽している。10日前に、問屋から2400箱を緊急回収した」と書いてあった。すでにリツイート、いいねが100件以上と表示されている。投稿者は、はじめて見る名前だった。

吉田記者が聞いた。

「伊東さんは、ほんとに、何も聞いていないんですか？　1時間以上前にアップされてるんですよ」

「すみません。いっさい聞いていないんです。調べて後で連絡しましょうか？」

「いや、この件の取材ではないので、いいです。でもヤバいんじゃないですか？」

「…すぐに対応します。ありがとうございました」

伊東は電話を切った。広報部長は、朝から席にいない。今朝は菓子業界団体に所属する会社の広報責任者が集まってセミナーを開催している。部長はパネリストの一人に指名されていた。課長も社内報の取材ででかけている。部長の携帯に電話を入れたが、留守電になっていた。至急電話を返してほしいとメッセージを残した。続けてEメールでも同じ依頼をした。伊東はいま広報部のシマで仕事をしている広報部員の中の責任者だ。といっても在席は彼もいれて3人だけだが。

伊東は意を決して総務に電話した。危機管理を担当している40代の吉永部長が応答した。

「新しいツイートを見ました。うちが2400箱を回収したという…」と伊東が言った。

「アラート、そちらにいっていなかった？　ごめん」と吉永が答えた。

「これ、ほんとですか？」

「知りません。私はどの会議にも出てませんから」それから声を潜めて言った。

「うちの三天皇が、隣の会議室でどなり合っている。1時間以上になるかな」

「他に誰が出てるんですか？」

「3人だけ」さらに声を潜めた。

「キミ、深入りしない方がいいよ」

受話器を置いたとき、隣の同僚が言った。

「先輩、大変です」。顔が引きつっていた。

モニターには、投稿があふれていた。入社2年目の青柳広報部員が指で1カ所を示した。「チョコ好き」の投稿だ。「チョコ製菓に投稿を無視された。無視！　無視！　すべて無視だ！　今朝、コールセンターに電話したら、広報に電話しろという。広報に電話したら、クレーマーはコールセンターに行けという。たらい回しだ。頭に来て、記者を名乗ってかけなおした。するとVIPのあつかいをうけた。話の内容は次のツイートで」

次のツイートだ。「広報のイトーという名の男と話した。チョコ製菓は、年間、100件の異物混入クレームをうける。実態のあるものは、これまでに1件もない。クレームは全部うそっぱちだというのだ。2400箱回収のツイートについては、聞いていない、のひとことでシャットアウト。ヒデー会社だ。隠蔽の巣窟だ！」

伊東の全身がわなわな震えた。はめられた？　それとも「チョコ好き」とは毎朝新聞の吉田記者のハンドルネームだったのか？　だったとしたら、取材の目的について嘘を言った。伊東は震える声で、吉田記者が残した番号に電話を入れた。

「ちがいます。何番にかけたんですか？　いいえ、ぜんぜん違います」と相手は答えた。

毎朝新聞経済部の山下記者に電話した。

「吉田？　知らないな。たぶんいないと思う。そんな名の社会部の記者。どうしたの？」

伊東、チョコ製菓三天皇に尋問をうける

電話を終えると同時に、危機管理担当部長の吉永から電話があった。うってかわって強ばった声だった。

「いますぐ、こちらに来てください。広報部長はまだ帰っていないんですね？　こちらからも連絡します」

チョコ製菓の三天皇と呼ばれている次期社長候補の3常務が、まるで裁判官のように長方形のテーブルに並んですわっていた。彼らに向かい合って直立している伊東は、まるで被告人だ。そばのテーブル席に吉永がうずくまるように身を小さくして、すわっていた。

「いったいキミは何をやってるんだ！」と総務担当の島田常務の怒声があびせかけられた。

伊東の全身の血は沸騰していた。自分達には何も知らされず、自分達の意見は、何一つ聞き入れず、それでいて、メディア対応という責任ある仕事をおしつけられ、うまくいかないと怒声がとぶ。

「広報担当者として、できることはすべて、一生懸命やっております」と答えたその声は、明瞭で大きく、島田常務は、驚き、飛んでくる矢から身を守るように身体をそらせた。青二才が反論するなど、前代未聞のできごとだ。

伊東は話した。ゆっくりと、大きな声で。3人に質問する余地を与えないように言葉を続けた。11時に、毎朝新聞社会部の吉田記者と名乗る男から電話があった。島田常務もお会いしたことがある毎朝新聞経済部の山下記者の名前を出して私を信用させた。しかし、残した電話番号はでたらめだった。山下記者に確認したら、社会部に吉田という記者はいないと思うと答えた。そのあと時系列順ですべてを話した。チョコ製菓が年間に受け取る100件の異物混入クレームの話も、吉田と名乗る男が説明した取材目的に対応した回答だと説明した。明らかに吉田を名乗った男は「チョコ好き」か、この投稿者に関連した人間だと思う、と男との会話をできるかぎり忠実に再現した。ここに来る前に他の広報部員に確認したが、広報部はクレーマーからの電話はうけておらず、たらい回しになどしていない、と話した。

三天皇は伊東の話を黙って聞いていた。その表情は、怒りから、恐れに変わっていた。彼らは伊東の話に、不気味な陰謀を感じて、恐怖心をいだきはじめたのだ。伊東が話を終えたあと、三天皇は黙って伊東を見つめていた。

「もういい。さがりなさい」と島田常務が言った。

「ひとつお聞きしたいんです」伊東が声を張り上げた。

「2400箱のナッツチョコを回収したという投稿について、これは事実ですか？」

「キミに話す必要はない。失礼だ。さがりなさい！」と島田常務が声を高めた。

伊東はさがらなかった。黙ってズボンのポケットからスマホを取り出した。ボタンを操作し、メールボックスを開いた。「広報の同僚からメールが6つはいっています。私がここにいた15分くらいの間にです。テレビ局5社、全国紙、ブロック紙など、合計10社が、チョコレートの回収はあったのかと聞いてきています。島田常務、私の

質問に答えられないなら、常務ご自身が広報室に来て、メディアからの電話質問に答えてください」

島田常務は顔を真っ赤にして、いきなり立ち上がったが、口をぱくぱくしているだけで、声にはならなかった。

「伊東君」とマーケ・販売担当の斉藤常務が声をかけた。

「チョコレートの回収はしていない」

伊東は、斉藤常務の目をまっすぐ見て言った。

「メディアにそう答えていいのですね？」

「そうだ」きっぱりと斉藤常務は答えた。

伊東は島田常務を見つめて言った。

「常務、広報部にもソーシャルメディアのモニタリングレポートとアラートのメールが転送されるようにしてください」

いきなり島田常務が吠えた。

「吉永、何で回さないんだ！」

伊東のそばでちぢこまっていた吉永は、弾かれたように飛びあがった。

「は、はい、いますぐに」そして伊東の腕をつかむと引きずるようにして、会議室を出た。

吉永危機管理担当部長の見立て

吉永は、廊下をそのままひきずって、会議室から100メートルほど離れたところで、立ち止まった。胸が波を打っている。小柄な吉永は、伊東を見上げて言った。

「若いって、いいな。スカッとしたよ。ありがとう」それから深々と頭を下げた。

「モニタリング回さなくて悪かった。島田常務に、広報に回しましょうか、と3度聞いた。最初の2回は、必要ないの返事、3回目は、うるさい！　とどなられた」

「何で回さないんですか？　理由が分からない」と伊東。

吉永が、伊東の目をまっすぐに見て言った。

「本当のことを教えようか？」

吉永は自分の頭を指さした。

「完全にここが破壊されているんだ」

伊東は表情を緩めた。冗談だと思った。吉永はまじめな表情を変えなかった。

「一日、そばにいてごらん。だれだって分かる。完全に破壊されていることが」

もう一枚異物混入写真が投稿され、大炎上

伊東は吉永と別れて、広報のシマに戻った。

「大変です」と、青柳がモニターを指さした。

「ナッツチョコ異物混入の写真がもうひとつでました」

伊東が急いで投稿を読む。「ケムシ」のハンドルネーム。「けさ買ったナッツチョコ。はいってたぜ、きたないビニールの破片が」写真は「チョコ好き」のものと明らかに違う。細かいビニール破片ではない。やや大きめの青色の破片が2つ、板チョコの中に埋まっていた。

「どうしますか？」と、青柳。

伊東は、中村広報部長の携帯に電話を入れた。と同時に、中村部長が部屋にとびこんできた。ポケットの中で携帯が鳴っている。呼び出し音はそのままにして、みんなの顔を見回した。伊東が電話を

切ると呼び出し音も切れた。

「みんな、大丈夫か?」と部長が声をかけた。広報部員5人全員がそろって席についている。一人ひとりの顔をみて部長が言った。

「すまんな、こんな日に、外回りで」

「大丈夫です」と全員が声をそろえて答えた。

「ビルの玄関前にビデオカメラを持った男達がいたが、うちが目当てか?」

「そうだと思います。取材依頼が、25件もあります」と昨年入社の富田広報部員が答えた。

全員着席のまま、机越しに報告会が始まった。それぞれが部長に今朝からの動きを報告した。次々とはいってくる取材要請の電話に対応しながら。

「記者会見を開くしかない。島田常務に直談判してくる」と中村部長が言って立ち上がった時、危機管理担当の吉永部長から中村部長に電話がはいった。伊東と共にすぐに大会議室に来てくださいと言う。

「なんですか?」と中村部長が聞いた。

「社長が混乱を知って、常務3人に、記者会見を開いて説明しろと命じたのです。会見準備の会議がはじまっています。ただちに出席してください」

中村部長は一瞬声を失った。

「だれが中心になって会議を進めているんですか?」

「斉藤常務が連れてきた危機管理広報のコンサルタントです」

「電話会議に出ていた人ですか?」

「そうです。千葉さんという方です。会議に広報の出席がないことに驚いて、いますぐ呼んでくださいと言われたんです」

緊急記者会見準備の会議

二人が会議室に入ると、工場、生産部、マーケ・販売部から30人くらいの管理職や社員が室内につめていた。スクール形式のテーブル席はすべてうまっていた。

「あの人が千葉さんですか?」壁を背にして立ったまま、伊東が隣の中村部長に聞いた。

「会ったことはないが、そうなのだろう」

年配の男性だ。チョコ製菓三天皇は向こう側の壁を背にしてテーブルの向こうにすわっている。その横で、男性が立って話をしていた。

「広報部長の中村さんと、広報担当の伊東さんですね?」

会ったことがない男性から突然名前を呼ばれて、二人は驚き、緊張した。

「こちらに来てください」

二人がそばに立つと、男は出席者に向かって話しはじめた。

「この会議の目的は、殺到しているメディアの取材要請にどう答えるか、その対応を通して、チョコ製菓の主張をどのようにメディアに、そして後ろにいる消費者に伝え、納得してもらえるかを議論し、方針を決めることです。メディア対応の仕事の担当は、日本中、いや、世界のどこに行っても、広報部が担当します。数日前、ここにいる何人かが参加した対策会議に私は電話で参加しました。その時の中村広報部長の発言や提案を聞いて、彼はプロフェッショナルだと思いました。今回の記者会見を仕切るのは中村広報部長です。彼がボスです。彼の指示に従わない者は、その時点で退社を覚悟してください。そんな人達がチョコ製菓をつぶすことになるのですから」

中村部長と伊東は、コンサルタントの千葉の予想外のコメントにきょとんとして顔を見合わせた。

千葉は体を回して3常務に向かって言った。

「これは、相内さんも、島田さんも、斉藤さんも、同じです。危機管理広報を成功させる鍵の一つがトップダウン、すなわちトップの指導力だとよく言われます。これは嘘です。優秀な部下の提案に対して聞く耳を持たないトップが指揮をとったら、大混乱となります。スズメバチの巣をつついたようなことになりますよ。そんな会社は十中八九つぶれます。私はそんな事例を20ほど見てきています」

千葉は、姿勢を戻して参加者全員に顔を向けた。

「みなさんいいですね」そして、自ら、拍手をはじめた。最初はぱらぱらと呼応していたが、そのうち、部屋をゆさぶるほどに大きくなった。

3常務は、思わぬ成り行きに驚愕の表情だった。しかたなく、弱々しく拍手に参加した。

「広報担当の伊東さん、メディアの問い合わせと対応現状を3分くらいで説明してください」と千葉が言った。

いきなりの指名だったが、直前まで広報部で話し合っていたことだ。現時点で35ほどの新聞、テレビ、週刊誌、ネットのニュースサイトなどから取材要請がきている。ナッツチョコを回収したと主張する投稿と、2つ目の異物混入の写真で、取材電話が急増した。すでにYahoo!などのポータルサイトにも出ている。完全なネット炎上の状態だ。取材の申し込みはテレビや新聞、雑誌などが中心なので、マスメディアとネットを合わせた大炎上になっている。ビデオカメラチームを伴ってビルの玄関前に待機しているテレビ局もある。広報部は、会社の方針を聞いていないのでお待ちくださいと、問い合わせに答えるしかない、と説明した。

「中村部長、どうすればいいですか？」と千葉が聞いた。

「記者会見を開いて説明をし、メディアの質問にきちっと答えるべきです」

「記者会見を開くことは、社長の指示で、すでに決まっています。いつがいいですか？」

「早ければ早いほどいい。しかし準備もありますので、明日の午後2時はどうでしょう？」

「午後2時は、参加する記者にとって取材がやりやすい、逆に言えば、記事になりやすく、テレビニュースで放送されやすい時間ですね？」

「そうです」

島田常務が割り込んできた。

「名誉な話ではないのだから、華々しくやる必要はないでしょう。記事になりにくい時間を選んで、そっとやった方が良い」

「中村部長、どうですか？」と千葉が聞いた。

「それではやる意味がない。きっちりと謝罪すると共に、こちらの言い分を報道してもらうための会見です。姑息なことをやれば、チョコ製菓は逃げ腰だとマスコミは報道します」

前にすわっていた男が手を上げて、立ち上がった。

「ちょっと待ってください。私は、顧問弁護士の松尾です。謝罪したら、異物混入のナッツチョコが製造され、それがコンビニで販売されたことを認めることになります。われわれの立場としては、異物混入のチョコは、流通されていないと言うべきです」

広報部長が、目で合図して、千葉の承認を得て答えた。

「謝罪をすることは、必ずしも異物が入ったチョコレートを流通させたと認めることにはなりません。投稿者の言い分には、事実であるとの大前提に立って対応をはじめないと、メディア対応をする意味がありません。そのためには謝罪からはじめるしかないのです」

弁護士が答えた。

「中村さんの言われることは、論理になっていません。投稿者の写真はホンモノではない、他の投稿内容も事実ではない。インチキだとあからさまに言わなくても、写真のような異物混入のナッツチョコが店頭で販売されることはあり得ないと説明するのが今回の記者会見の目的ではないのですか?」

千葉が口を開いた。

「松尾さん、記者会見は法廷ではありません。証拠を出し合って議論する場ではありません。法廷ではやらないでしょうが、記者会見では、相手の主張を認めた上で、こちらの言い分を説明し、メディアを通して国民に判断してもらうのです。そのような形式を踏まないと、マスコミも国民も拒否反応をおこして、肝心の話を聞いてもらえないのです」

千葉は続けて言った。

「弁護士さんが記者会見を仕切って、会社をつぶし、裁判では勝訴したケースをいくつも見てきています。失礼ですが、事実です。高校生10年ほど前のシンドラー社のエレベーター事故は典型です。高校生が異常作動をしたエレベーターにはさまれて死亡した。シンドラーは、誤作動の原因はメーカーにあるのではなく、別の保守点検会社の整備不良だったと主張し、弁護士のアドバイスに従って遺族や社会への謝罪を拒否した。10日ほどマスコミの取材にもいっさい応じなかった。マスコミは黙って引きさがらない。過去のシンドラーエレベータのありとあらゆる異常作動事例を掘り起こして報道した。ロサンゼルスや香港のマンションにまで取材にでかけてビデオに収めた軽度の異常作動の事例まで大げさに報道した。さらに高校生の遺族とアパート入居者の怒りと不安を毎日のように報道しつづけた。シンドラーはマスコミにぼこぼこにされて、絶えきれず事故後10日ほどたって、初めて謝罪会見を開いた。時すでに遅しです。一時は日本のエレベーター市場の半分ほどをにぎっていたのですよ。注文がばったり途絶えて、結局日本から完全撤退です。ところが、それから9年後、裁判には勝った。シンドラーの当初の主張通り、シンドラーの社員は無罪、保守会社の被告は有罪だった。松尾さんは弁護士としての職業意識から主張しておられるのですね? チョコ製菓はつぶれてもいいが、裁判には負けられない、と。チョコ製菓で働く人達はそんなことは望んでいません。あなたは法律の専門家です。中村さんは広報の専門家です。ここは広報部長の考えを尊重してください」

松尾弁護士は、怒りで顔を真っ赤にしたが、引きさがるしかなかった。

「中村さん、記者会見で話すポイントをあげてください」と千葉が言った。

「私はキーメッセージと呼んでいますが、ひとつは謝罪ですね。あとは?」

「2つ目ですが、相内常務は、異物が混入したチョコが、市場に出荷されたことはあり得ないと言っておられますね。なぜ、そう断言できるのか、国民が理解できるように説明する必要があります。3つ目は、問屋から2400箱を回収したというツイッターの投稿について、斉藤常務の話を受けて、そんな事実はないとメディアに伝えました。しかし私たちの言葉だけでは信用してもらえません。納得してもらえるよう説明しなければいけません。メディアは出荷先を教えろと迫っています」

「斉藤さん」と千葉が声をかけた。

「回収していないというのは事実なんですか？」

斉藤は重い口を開いた。

「異物検査機に通すために、一時的に戻してもらいました。検査後、預かった商品を、返却しました。いったん段ボール包装を解いて2400箱をばらしましたが、検査後、新しい段ボール箱につめなおしました。中身のナッツチョコは一時預かったものと同じです。ですから、商品の回収にはならない」

「何時間預かったのですか？」

「3時間くらいです」

「その会社は1社だけですか？」

「そうです。大迫という菓子問屋です」

「回収に関するネット投稿があった後、大迫さんとお話しになりましたか？」

「話していません。あちらから連絡もない」

「分かりました。会見では、きちっと説明しましょう。次に中村さん、記者会見の会場はどこがいいですか？」

「この部屋が、うちでは一番大きな会議室ですが、スペース的にここで開くのは無理だと思います。近くに貸し会場がいくつかありますので、あたってみます」

「では、最後の質問です。記者会見の話し手、スポークスパーソンですが、誰が良いですか？」

「本来は社長だと思いますが…」と中村部長が答えた。

3常務が口をそろえて言った。

「それは無理です。記者会見をしなさいという指示があったが、ご本人はでないと言っていました」

「であれば、3人に出ていただく」と千葉が言った。

「ただし、メインのスポークスパーソンを決めないと、メディアは混乱するし、壇上でこの間の電話会議みたいに言い争いをはじめられてもこまる。メインのスポークスパーソンが冒頭のスピーチから、質疑応答まで、すべてを仕切り、後の2人は、質疑応答のみの参加。それもメインの話し手の指名を受けた時だけ、指示された質問だけに答えるようにしてください。これがメディアにとっても国民にとっても一番分かりやすいやり方です」

中村部長が答えた。

「チョコの中に異物が混入していたとする投稿に端を発する問題ですので、生産担当の相内常務にメインを仕切っていただくのが良いと思います」

「賛成です」と千葉が言った。

「この後、皆さんに記者会見開催の支援のお願いが中村部長から行くと思います。少なくともこれから3時間、午後7時くらいまでは、出席者全員、連絡がとれる状態にしてください。3常務、明日は午前8時から、メディアトレーニングをやります。キーメッセージは文言にまとめます。冒頭のスピーチを作ります。想定問答集も作ります。メディアトレーニングには3人とも出席してください。模擬記者会見というよりは、予行演習のような形でやります」

　中村部長が発言した。

「メディアの方々には、明日午後2時に、記者会見をおこなうと伝え、今日はお引き取りをお願いします。場所は、決まり次第、連絡するということで、二度手間にはなりますが、逆にその機会を利用して、連絡電話、メールアドレスなどを確実に手にいれます。可能であれば、どんな質問をしたいかを探る機会にしたいと思います」

　コンサルタントの千葉は大きくうなずいた。

緊急記者会見開催

　次の日8月15日の午後2時に、貸事務所のビル内の一室で、チョコ製菓の緊急記者会見が開催された。メディアからの参加者は150人を超えていた。参加テレビクルーは5チーム。

　通常の記者会見は、メインのスポークスパーソンのスピーチからはじまる。この会見では工場の作業服を着たチョコ製菓の社員数名が、最初に壇上に登場した。その一人は工場の技術担当岩崎だと自己紹介したあと、壇上のテーブルの上に設置されている最新の異物検知装置の説明をはじめた。簡単な説明だった。日本にまだ数台しかない新鋭の異物検査機である。ナッツチョコは、一箱残らず、この異物検査機を通ったあとで出荷用の段ボール箱に自動梱包される。

　作業服の社員達は、用意したナッツチョコ200箱を検査機の取り入れ口に置いた。スイッチを入れると200箱が数秒で検査機を通った。何事もおこらなかった。岩崎は壇上からおりて、前方席に座った記者に頼んで、ナッツチョコ3箱のセロファン包装ののり付けの一部分をはがし、厚紙のケースを開き、ケースとチョコレートを包む銀紙との間に、用意した小さなビニール片をはさみこんでもらった。その様子はチョコ製菓が用意したビデオカメラがクローズアップで撮影し、ステージのバックスクリーンに映し出された。ビニール片をはさんだ3箱を残りの197箱の中にランダムに挿入し、再度、検査機を通した。検査機はみごとに3箱をはじき出した。

　次に登場したのは、大迫菓子問屋の駒形仕入担当役員だった。記者がなにごとかと驚きの表情で見守る中、準備した原稿を演台に置き、読みはじめた。

　8月2日水曜日の午前10時15分ころ、チョコ製菓の販売担当者から電話があり、異物検査機が作動し、ラインが一時止まったので、その日の生産分を念のためにもう一度異物検査機に通してチェックしている、私のところに出荷した2400箱ついても再検査が可能だろうか、との問い合わせだった。まだ小分け出荷作業を開始していなかったので、快諾した。30分ほどして2400箱を引き渡した。ナッツチョコの生産ロット番号はそれぞれのチョコレートの箱と、納品書に記載されている。それから3時間後、全部の箱が戻ってきた。検査機を通したが、異常はなかったという報告だった。仕分け作業中に、ナッツチョコの外箱に印刷されているロット番号と注文書の番号を照合したが、同じだった。つまりいったん検査のためにチョコ製菓に引き渡した商品が、私どものところに戻ってきた。そのため、弊社は、ナッツチョコの回収がおこなわれたとは考えていない。

ステージの後ろのスクリーンには、納品書のロット番号と、仕分け中に撮影したというナッツチョコ外箱のロット番号が明瞭に写った写真が映し出された。

駒形役員が降壇すると、3人の常務がステージ下手から登場した。長テーブルの後ろに3人が並んで立った。ステージの下に立った危機管理担当部長の吉永が3常務を紹介した。紹介が終わり、常務全員が一礼をしたあと、真ん中の相内常務が話しはじめた。

「8月9日から今日までに、チョコ製菓株式会社のナッツチョコの中にビニール片のような異物が混入していたという写真付きの投稿が2件、弊社が菓子問屋から、2400箱のナッツチョコを回収したという投稿が1件、そしてこれらの投稿に関係したコメントなどがツイッターをはじめ多数のソーシャルメディアやニュースサイトに掲載されました。これらの投稿やニュースに対して、私どもの対応が遅れたことで、投稿者の方々と消費者の皆様にご心配とご迷惑をおかけしました。この点を深くお詫び申しあげます」

3人の常務がそろって深々とお辞儀をした。

「恐れ入りますが、この後、着席して説明を続けさせていただきます」

相内常務がそう言い、3人は着席した。すわった後で、相内常務が言った。

「対応が遅れたのは、原因究明のため、ご指摘の商品をチョコ製菓に送っていただけると信じて到着を待っていたためです。現時点で、まだ受け取っておりません」

その後、相内常務は経過を詳しく述べた。13日前、異物検査機が作動し、3箱をはじき出した。直ちに生産ラインを止め、調べたところ、チョコレートを包む銀紙と、銀紙に包まれたチョコレートを包む外箱との間に、小さなビニール片がはさまっていた。まさに本日、皆様に実験をご覧いただいたような形だった。そのビニール片は、外箱1000個を搬送用にまとめて包装するビニール袋の断片であることがすぐに判明した。

中村部長と伊東は、驚いて顔を見合わせた。伊東は相内常務から説明を受けた通りに原稿を書いた。すなわち異物検査機がはじき出したのは、攪拌機の羽根を覆っていた青色のビニールの断片で、それがチョコレートの原料中に混入した、と。メディアトレーニングの演習でも、相内常務は伊東が書いた原稿をその通りに読んでいた。

会場を見回すと、コンサルタントの千葉は、後方に立ってステージを見ていた。表情に驚きの色はない。

相内常務は続けて話した。

「銀紙と外箱との間にはさまったビニール片ですので、健康上、問題がないことははっきりしていますが、厳密に言うと規格外の商品になるので、その日の朝から、ラインの停止時間までに製造した商品を再検査することにしました。2時間で6000箱ほど製造していましたが、大部分は社内にあり、2400箱だけが大迫菓子問屋に出荷されたことが分かりました。そこで、大迫様に連絡をして、工場に戻していただき、もう一度ここにある異物検査装置に通して、さきほど皆様にお見せしたような形で再検査したのです。はじきだされたナッツチョコは1箱もありませんでした。ただちに、200箱ずつ段ボール箱12個に包装しなおして現物を大迫様に戻しました。従って、私どもも、大迫菓子問屋の駒形仕入担当役員がお話しになった通り、商品の回収とは考えておりません」

相内常務は、ここで一息いれた。

「次に、ビニール片のような異物が混入していたと指摘があった写真つきツイッター投稿ですが、写真を見る限り、明らかにチョコレートの中に異物がまじっているように見えます。しかも、ビニール片のようだと指摘された異物は青色です。私どもは、どんなケースでこのようなことが発生しうるか、さまざまなシミュレーションをやってみましたが、結論にいたっておりません。青いビニールなどは、生産のどの過程でも使用しておりません。現物を検査しない限り、原因の見当さえつかないのです。最初の投稿に関しては、投稿者の方と2度電話でお話しする機会がありました。現物をお送りいただけるようお願いしました。場合によっては、取りにいくことも可能だと伝えました。ご本人がそうお考えになるのが妥当であれば、保健所または、消費センターにお持ち込みくださいとお願いしました。しかし、発生から2週間たっても、弊社には問題のナッツチョコは届けられていないし、保健所などからの連絡もありません。2つ目の異物混入の投稿があったのは一昨日のことです。この投稿については、投稿者から弊社への連絡はまったくありません」

伊東が中村部長の耳元でささやくように言った。

「ずいぶん原稿を変えましたね。青いビニールなど使っていないと断言して大丈夫ですか?」

中村部長は、前を向いたまま何度かうなずいただけで、何も答えなかった。

相内常務が続けて言った。

「もちろん、異物混入は、製造過程だけではなく、流通、あるいは小売店内においても起こりうることです。チョコ製菓としては、原因を究明したいと考えております。そのためには、現物を提供していただくことが必要です。いわば唯一の手がかりですので、投稿者の方には、この場をお借りして、再度、現物をお送りくださいますよう、お願いをいたします」

その後、相内常務は、チョコ製菓の生産ラインが、どれほど近代的なものであるか、そのゲートキーパーともいうべき最新の異物検査機の性能がどれほどすぐれているかについて、延々と話し始めた。話の途中で、半分くらいの記者が、会見場を出て行った。

質疑応答

相内常務の冒頭スピーチが終了すると、司会者の案内で質疑応答に移行した。記者からは、2つ質問があっただけだった。その2つとも想定問答集に入っていた。問答集の回答を仮に読み上げたとしたら、質疑応答は4分ほどで終了しただろう。しかし回答者の一人である島田常務が饒舌をふるったため、15分ほどになった。

記者の質問のひとつは「相内常務の説明によれば、投稿された写真はねつ造であり、投稿内容は嘘であると考えておられるように思えますが、いかがですか?」だった。

相内常務は声を張り上げて力説した。

「とんでもない、そんなふうには微塵も考えておりません。お時間を使ってわざわざ投稿していただいたので、ご指摘通りのことが起こったものと思っております。ただ、指摘された異物混入がどのようにして起こったのか、見当がつかない。いろいろシミュレーションをしてみても分からない。青色のビニール片など、生産過程のどこにも使っていない。ですから、はやく原因を解明したい。そのためには、現物を検査する以外に、方法がありません」

もうひとつの質問は、イトーが言ったとされる「年間100件のクレームを受けるが、実態のあるクレームは一つもない」とのチョコ好きの投稿に書かれたコメントについてだった。

相内常務は、総務の島田常務に答えるよううながした。島田常務は自分がコールセンターも担当していると言ってから話しだした。

「投稿者のチョコ好きさまが書かれた内容は事実です。みなさま驚かれるかもしれませんが、チョコ製菓の全商品、およそ30点ありますが、それらに対して、異物混入のご指摘、または味が変だというようなご指摘を合計100件ほど、ここ数年、毎年受けています。その度に、問題の商品を返品していただけるようお願いをしておりますが、多くの場合、返送してもらえてはおりません。実際に返品があるのは100件のご指摘のうちの、5から10件くらいです。返品があった場合、弊社の工場で詳細に検査をいたします。ただ、私どもが責任をもって検査できるのは製造から出荷までの間に発生したことがらです。製造過程での異物混入、あるいは、材料に問題があったかどうかです。これらの点に関しては、少なくともここ5年間、自信をもって1件も問題はなかったと言いきれます」

相内常務は、その後、原因の大部分は賞味期限切れであると説明した。ある大家族でおこったケースを紹介して記者達の笑いを誘った。毎年、チョコ製菓のお菓子をお中元にもらう大家族のおじいちゃんは、時に自分の口に入る前になくなってしまうのが悔しくて、受け取ると同時に戸棚の奥にしまいこんだ。しかしそのことを忘れてしまった。一年後、同じ菓子を受け取り、また戸棚の奥にしまいこんだ。今回は覚えていて、家族団らんのときに取り出して開いたら、真っ黒でカビだらけ。次の日、烈火のごとく怒ってコールセンターに電話してきた。コールセンターの熟練のオペレーターと話しているうちに、気がついて、戸棚を調べたら、今年もらった菓子はそのまま、戸棚の奥に鎮座していた、というものだった。

緊急記者会見の報道

緊急記者会見は、テレビでも新聞でも、いっさい報道されなかった。会見の中でチョコ製菓はひとことも口にしなかったが、ツイッター投稿の真偽のほどは分からないとメディアは判断した。つまり投稿内容はあやしい、と。そんな場合、何人もの記者を派遣しても、ビデオのクルーを送り出しても、ネタはボツにして、この件にいっさい触れないことが、メディアにとって最善となりうる。

3人の常務は、地獄の業火に放り込まれると覚悟していたが、あっけない幕引きに冗談で不満を言う余裕を見せた。中でもマーケ・販売の斉藤常務は質問に答える機会もなかった。

「想定問答を必死に頭にたたきこんだのに、ひと言も話せないとは、誠に残念だ」

コンサルタントの千葉が言った。

「プロモーションの記者会見なら記事になってナンボですが、危機管理の記者会見は、ひとつも記事にならなければ、100点満点です。質疑応答で質問がひとつもでなければ100点満点。今回は2問でたので80点。しかし、相内さんも島田さんも上手に切り返して、キーメッセージにつなげたので、差し引きゼロで、100点満点です」

この物語のモデルは数え切れないほどある

この物語を読まれて、島田常務のような、異常な役員がいるはずがない。絵空事だと思われたら、あなたは、すばらしい会社、団体、あるいは自治体に勤めておられるのです。過去10年を振り返っても、現場を見ないで下に押しつける異常な経営者の異常なノルマが主な原因で、倒産まではしなくとも、その淵をさまよった企業は数え切れないほどあります。それも中小企業だけではなく、日本を代表するような大企業で。

この物語には、フィクションに移植する前の元ネタがあります。元ネタの結末をフィクションに移植すると次のような話になります。

その後のチョコ製菓

そのあとソーシャルメディアへの投稿はなく、メディアの報道もなく、販売の減少やイメージの低下もなかった。記者会見を命じた社長も、スムーズに問題が処理できたことに満足したようで、チョコ製菓三天皇の地位も安泰だった。3人の追い落とし劇も一休止したようで、雨降って地固まるのたとえ通りとなった。

しかし、記者会見から2週間後の9月1日、突然、10月1日付けで、広報部長の中村が札幌支社長に、広報担当の伊東が大阪支社に異動となる辞令がでた。突然の、異常な時期の、異常な異動辞令である。当の2人には内示もなかった。なぜなのか？　理由を説明してほしい。とうてい受諾できない、と2人は反発した。

異動辞令を中村部長からの電話で知ったコンサルタントの千葉は、中村部長と伊東を事務所に招いて、話を聞いた。

島田常務に説明を求めても、らちが明かない。優秀な社員には、地方事務所勤務をキャリアの中で経験させることになっている。特に中村部長の場合は、近いうちに取締役に任命される予定であり、その条件が必要となる。この人事は今回のツイッター投稿問題とは一切関係がない。むしろ、よくやってくれたと社長も、私をふくめた3人の常務も感謝している。そんな美辞麗句をならべるだけだと中村部長と伊東は口々に話した。

中村部長は2人の子供が大学生で同居しており、この時点での北海道異動は経済的に大きな負担となる。伊東も同じような状況だ。妻は東京のＩＴの会社の課長職にあり、いっしょに大阪に住めない。労働組合はうちにはないので、裁判で戦うか…。

千葉が言った。

「犯人捜しは私の仕事ではないので、御社でコンサルをしていたときはあえて言わなかったが、投稿者は内部関係者の可能性が高いですよ」

「なぜでしょう」と伊東が聞いた。

「投稿された写真の異物と、検査機がはじき出した異物が、まったく同じ青色のビニール片に見えるからです」

「そこなんですが、記者会見では嘘の説明をしましたね」

「そうです。私が冒頭スピーチの原稿を直前に書き変えたのです。なぜかというと、検査機が探知した異物を投稿者が見ていなければ、ほぼ同じに見える異物入りのチョコレートを作ることはできない。つまり投稿者は内部にいる。であれば、こちらも記者が説明に納得できるように内容を書きかえてやる、と。最初に用意した原稿では、記者はだまって引き下がらなかったと思います」

「しかし、万一かもしれないけれど、生産ラインで異物検査機がはじき出した箱と同じ異物がはいったナッツチョコが出荷された可能性はあると思いますが」と中村部長が言った。

千葉は答えた。

「この仕事をしていて、私が何よりも頼りにするのは、普通の考え方です。常識といってもいい。ツイッターの投稿者が、現物を送り返さないのは、常識に反する。送り返せない理由があるのです」

「先生は検査機がはじき出した、異物が混入したナッツチョコをご覧になったのですか？」と伊東が聞いた。

「現物は見ていない。写真を斉藤さんに見せてもらいました。検査機が作動し、ラインを一時止めたことを秘密にするため、証拠隠滅ということでしょう、問題のナッツチョコを処分することにした。斉藤さんは、念のためと、自らスマホではじき出されたナッツチョコの断面を撮影した。その写真と投稿写真を比べてみた。混入したビニール片はまったく同じ材質に見えました」

「内部関係者がからんでいるとすれば、当日工場にいた者とその後の緊急会議に出た者になりますね。工場生産のラインの関係者、相内常務、斉藤常務、その部下達です。私たちが異物検出を知ったのは投稿後です。斉藤常務のナッツチョコの写真も見ていません。少なくとも投稿の日までは、島田常務も同じだったと思います」と中村部長が言った。

千葉が言った。

「写真撮影といえば、工場内の監視カメラだが、誰かチェックしたのかな？」

「私がしました」と中村部長が答えた。

「当日何があったのか、知りたくて、工場の施設保守をしている男に依頼して事務室の監視モニターを再生してもらいました。広い工場の天井の四隅に設置されているので生産ラインまでの距離が遠いのです。画像は粗く、生産ラインを止めた時も、人の動き程度しか分かりませんでした」

「そのビデオは今も消さずにおいてあるのだろうか」と千葉が聞いた。

「私がSDカードに入れて事務所に保管しています。まもなく上書きされて消えてしまうというので、コピーをとってもらいました」

千葉が言った。

「低解像度の動画の品質を劇的に向上できる技術が開発されているそうです。元映像ではまったく読めない車のナンバープレートがらくに読めるほど精度をあげられる技術です。お金はかかるだろうが、ためしてみる価値はあるかもしれません」

「スゴイ情報をご存知なんですね」と伊東が言った。

「いや、このあいだテレビのニュースでやっていたんですよ」

監視カメラに写っていた事実

それから、1週間後、中村部長と伊東が、千葉の事務所にラップトップを抱えて飛び込んで来た。元の映像ではまったく分からなかったが、処理後、明確に製造工場の鶴岡次長と分かる男が、ラインの端の異物検査機にゆっくりと近づき、手にもったナッツチョコの箱3箱を検査機の異物排出口に置き、急いで元いた場所に戻り、ラインを止めて、再び検査機のところに走ってゆく様子が見てとれた。彼は当日、ラインの担当をしていた。ビデオにはその後工場にいた他のラインの運転監視者たちが、鶴岡次長のそばに駆けつけている。内部犯行をうかがわせる確かな証拠だった。

「鶴岡次長は、新しい生産機器を導入して工場から40人もの人員を削減した相内常務とその指示に諾々と従った工場長に反感を持っていました。サボタージュみたいな事件だったのですね」と中村部長が言った。

「それだけではないかもしれない」と千葉は言い、伊東に声をかけた。

「毎朝新聞の社会部の記者を名乗ったニセ記者、吉田とか言ったね？　彼は経済部の山下記者の名前を出してキミを信用させた。島田常務は山下記者と会ったことがあると言っていたよね」

「あります。イベントで名刺交換しています」

「他の常務は？」

「会っていないと思います」

「島田さんに悟られないようにして、斉藤さんにビデオを見せて話してみたらどうだろう。私からも電話をいれておく」と千葉はアドバイスした。

斉藤常務の聞き取りに対して、鶴岡次長は、自作自演であったと認めた。あらかじめビニール片を混入したナッツチョコを5箱作り、3箱を異物検査機の排出口に置き、残りの2箱は投稿用の写真を撮るために使った、と。さらに計画をもちかけたのは、島田常務であり、ネット投稿は島田常務がやったはずだと告白した。

社長も聞き取りに加わり、調査がおこなわれて、島田常務はすべてを白状したはずだ。

「はずだ」というのは、島田常務と彼に協力したと思われる宣伝部の若手社員と鶴岡次長の3人がまもなく辞職し、この事件は公にされることがなかったからだ。中村部長と伊東の転勤辞令は撤回され、2人はこれまで通り広報部で仕事をすることになった。

中村部長が、千葉に話した。

「事件を非公開にしたことは倫理的によくなかったとは思います。会社ぐるみで社会を裏切ったようなものですから。私たちも裏切者の一員です。この件が今後何らかの形で発覚すると、社長まで巻きこむ大問題となりますよね。でも、私たちには反旗を翻す勇気がなかったんです。勇気というより、それをやらないのは当面の損得勘定かもしれない」

千葉が答えた。

「私は生産ラインが止まった部分で話をねつ造しました。本来は良くないことだと思います。しかし第三者の目で記者会見の演習を見ていて確信したのです。元通りのスピーチの原稿だと『異物入りチョコが出荷された可能性が高い』とメディアが大騒ぎをはじめると。正直に話して記者会見を失敗するか、嘘をちりばめて成功させるか。私もコンサルタントとしての損得勘定に従って動いてしまいました」

伊東は千葉に頭を下げた。

「危機管理担当部長の吉永さんが、島田常務の代わりを務めることになりました。彼は小心だけど、心は正義感で満たされています。少なくとも、総務、宣伝、コールセンター、そして我々の広報は、これまでよりはずっと良くなると思います。ありがとうございました」

「今後も事実が発覚するリスクはあります。でも私たちも含めて残った者は、二度とこんなことが起こらないよう努力すると思います。危機の臭いがすれば、みんなでリスクを共有し、みんなで顕在化しないように取り組むと思います」と中村部長も続けた。

2人を見て、千葉は大きくうなずいた。

「危機の地獄を見たあと、社会から尊敬される会社に変貌した企業はたくさんあります」

「島田常務の目的はなんだったのでしょう？」と伊東が中村部長と千葉を交互に見て聞いた。

「あくまでも私の想像ですが」と断って千葉が言った。

「島田さんは相内さんと斉藤さんを追い落とすために、この投稿事件を計画した。たくらみ通りに展開すれば、島田さんの管轄内のネット炎上の対応失敗にはなるけれど、社長はそのようには考えないと思っていたのだろう。異物混入チョコを見逃し、流通させ、原因を作った相内さんに最大の責任があると考えると予測した。イメージダウンを受けて販売が低迷すれば、社長にとって販売低迷は原因がなんであれ斉藤さんの責任なのだから、島田さんはむしろイメージ回復の大役を担うことになると踏んだんだろう。宣伝費の大幅増加を申し出て、認められるかもしれないくらいに」

中村部長が言った。

「その通りだと思います。先代社長の時代に、斬新な広告やプロモーションで、ナッツチョコをナショナルブランドに育て上げたのは島田常務の功績だとされています。彼自身が発案したかどうかは別として、島田常務はナッツチョコの命名者となっています。しかし、現社長になってから、業績向上の努力は、もっぱらナッツチョコの生産強化と販売強化に変わりました。広告費はむしろ減らされています。それでも業績はどんどん上がっていますし、次期社長候補の先頭を走っていた島田常務は、いつの間にか、最後尾のランナーに成り下がってしまいましたからね。起死回生の企みだったのでしょう」

伊東が聞いた。

「なぜ私たちを転勤させようとしたのでしょう？　そんなことをしなければ島田常務はクビにはならなかったでしょうに？」

「落とし前をつけたかったんでしょう」と千葉が言った。

「その通りです」と中村部長が応じた。

「島田常務は、何らかの落とし前が必要だと思ったのでしょう。風評加害というか、転勤により噂をたてて陰湿に私たちを犯人にしたてあげるつもりだった。相内常務と斉藤常務には、確たる証拠を見つけることはできないが、チョコ製菓の現体制に不満をいだく2人が仕組んだ陰謀の可能性があると、話したのではないかと思います。相内常務も斉藤常務も自分の部下ではないので、反対はしなかったんでしょう」

「斉藤さんは、ビデオを見せた後、君たちに口止めを命じた？」

「いいえ、それっきりです。何の連絡もありません。社内の雰囲気で社長と斉藤常務が動いたんだろうと推測しているだけです」と中村部長が答えた。

「さわらぬ神にたたりなし、か」と千葉は言い、3人は苦笑いした。

第2部

メディア
トレーニング

第１章

幹部から現場まで、全社員でメディアトレーニングをしよう

01

メディアトレーニングとは何か？

ガラパゴス化した日本のメディアトレーニング

メディアトレーニングとは、記者会見やインタビューなどメディアに対峙する場面での態度や話し方を学ぶ訓練です。近年、日本でも導入する企業が増加しています。しかし、日本で提供されているメディアトレーニングは、国際基準からかけ離れ、ガラパゴス化しています。国内市場に最適化するよう独自の進化を遂げたのです。

一時、スパルタ式メディアトレーニングがはやりました。全国紙の社会部の記者として腕をならした老兵達を記者役にすえて、模擬緊急記者会見で受講者をいじめまくるのです。社員が数千人もいる企業のトップが顔面蒼白となり絶句し、泣きだすこともありました。オブザーバーとして参加した私でさえ、あまりに理不尽なトレーニングに泣きだしたくなったほどでした。

そうかと思うと、マスコミ紹介・記者接待講座のようなメディアトレーニングもあります。企業のトップにはマスコミの内部事情、記者の活動やニュースの作り方に詳しくない人が多い。そこで、好奇心を満足させると共に、マスコミとの友好的な付き合い方の伝授をトレーニングの中心に据えるのです。

また、「話さないための訓練」を専門におこなうメディアトレーニングもあります。何を聞かれてもノラリクラリと本質を外して答えない、あるいは高圧的な枕詞、例えば「それは本人が決めることです」、「慣例どおりにやっております」、「私が答えることではありません」で質問を封じるテクニックを専門に教えるのです。謝罪会見で何秒間頭を下げるべきかなど、俳優養成所顔負けの演技指導をすると評判のメディアトレーニングもあります。

これらのメディアトレーニングを私は必ずしも批判しているわけではありません。「ガラパゴス化した」と指摘しているのです。一時は取材相手を公の場で恫喝してボロを出させようと考える記者がたくさんいました。日本ではいまだに、夜討ち朝駆けの記者の労に報いることが、企業の名声を高めることだとの考えがあります。権力者や役人の言動をお手本とする企業トップが多いことも事実です。謝罪会見で30秒も頭を下げたと好意的に報道されることもあります。

しかし私は、メディアトレーニングの肝は、スポークスパーソンの想いや主張を、メディアを通じてより多くの人々に明確に理解してもらえる方法を学ぶことだと思っています。人を煙に巻く話し方を教えるなんて、国際基準からかけ離れています。

メディアトレーニングとは？

記者会見やインタビューなどメディアに対峙する場面での態度や話し方を学ぶ訓練

様々なメディアトレーニングが行われてきた

スパルタ式	社会部の記者経験者等が記者役。模擬緊急記者会見で受講者をいじめまくる
マスコミ紹介・記者接待式	マスコミとの友好的な付き合い方の伝授をトレーニングの中心に据える
話さないための訓練	何を聞かれても本質を外して答えない、高圧的な枕詞で質問を封じるテクニックを教える
演技指導	謝罪会見で何秒間頭を下げるかなど、演技の仕方を中心に教える

↓

これだけは覚えておきたい！ メディアトレーニングの肝

スポークスパーソンの想いや主張を、メディアを通じて多くの生活者、消費者、すなわち国民に明確に誤解なく理解してもらえる方法を学ぶこと

メディアトレーニング5つの鉄則

メディアトレーニング5つの鉄則

メディアトレーニングには国際基準があります。そのトレーニングの鉄則を5つ紹介します。

1 マスコミを通して話すことの責任の重大性を意識する

記者会見、インタビューは、数十万、数百万、時には数千万の人達と話をすることです。何かを約束すると、それは何百万人に約束することになります。話し手の嘘は何百万人に嘘をつくことです。目の前には記者しかいないのでことの重大さを誤解するのです。この点は、数人の友達と話をしていると誤解して、大炎上を引き起こす一部のSNS投稿者と似ています。

2 話し方は「ニューススタイル」

何百万人の人達に話すのですから、ありとあらゆる人達、すなわち不特定のマス（mass）に、すばやく、明確に、誤解なく理解してもらえる話し方をしなければいけません。そのためには、マスコミ流の話し方・伝え方をすれば良いのです。私はマスコミ流の話し方を「ニューススタイル」と呼んでいます。

3 キーメッセージを用意する

話し相手は記者ではなく、消費者であり国民です。記者の質問には、記者を満足させる回答ではなく、「記者を超えて国民に届く」回答をしなくてはいけません。それは「キーメッセージ」を用意して、多用することです。私は「キーメッセージの展開法」として、トレーニングをおこなっています。

4 意地悪な質問にはまともに答えない

「もし失敗したらどうしますか？」、「この件で悪い噂が流れているのですが…」、「業績向上の理由は人員整理だとの見方もありますが」など、意地悪な質問はさまざまです。まともに答える必要はありません。「仮定の質問には答えられませんね」、「良い噂もたくさん聞きますよ」、「誰一人整理などしていません。適材適所に配置転換しただけです」など言い換えて、毒のある部分を外します。大切なことは、ここで返事を止めないで、キーメッセージを加えることです。

5 「直接対応」と「間接対応」を使い分ける

新聞・雑誌（印刷メディア）とテレビは全く異なるメディアです。それぞれに合った取材対応をしなければいけません。それは「直接対応」と「間接対応」の違いです。

その他、数え上げたらキリがないほど、たくさんのメディア対応のポイントがあります。ここから、この5つの原則を詳しく紹介していきます。

1 マスコミを通して話すことの責任の重大性を意識する

2 話し方は「ニューススタイル」

3 キーメッセージを用意する

4 意地悪な質問にはまともに答えない

5 「直接対応」と「間接対応」を使い分ける

COLUMN 国際基準としてのメディアトレーニング

私がメディアトレーニングを学んだのは世界大手の広報代理店であるヒル アンド ノウルトン（H＋K）の日本支社長をしていた時です。1995年から98年まででした。その後、エデルマンやバーソン・マーステラなど世界大手のPR会社のメディアトレーニングを見学したり、講師の一人として参加する機会が何度もありました。驚いたことに、どこも内容はまったく同じでした。やり方もほとんど変わりません。米国のメディアトレーニングは国際基準としてできあがっていたのです。

03

鉄則 1

マスコミを通して話すことの責任の重大性を意識する

自分たちは「誰に」伝えているのか

記者会見をしたり、メディアとの個別インタビューをおこなえば、何百万の人達と向き合うことになります。話し手はそのことを頭の中では理解しています。しかし、ビデオカメラを向けられていても、目の前にいるのは記者であり、質問をするのも記者なので、その重大さを忘れてしまうのです。公人の場合、さまざまな催しだったり、派閥の会合だったり、選挙演説だったりすると、メディアの取材があること自体を失念することがあるようです。

ここで、米国のどのメディアトレーニングの教科書にも書かれているチップ（＝助言、ヒント、秘訣）をご紹介しましょう。まずひとつ目は「テレビの視聴者は、話し手のコメントは自分に向けられていると感じる」というチップです。例えば、首相が応援演説で、シュプレヒコールをする反対派のグループに対して「あんな人達に負けるわけにはいかない」と言った場面がありましたが、このニュースをテレビで報道する際、「会場につめかけた反対派のグループに対して首相は」と注釈をつけたとしても、視聴者は自分が「あんな人達」と呼ばれたと思ってしまうのです。「あんな人達に負けるわけにはいかない」とネガティブな言い方をしないで、「私を応援しようがしまいが、自民党は大勝します！」と言えば視聴者の反発を招かなかったかもしれませんね。

２つ目は、「話し手が記者に対して腹を立てると、視聴者は話し手が自分に向かって腹を立てていると感じる」というチップです。実際、しつこく付きまとう記者に「うるさい、あっちへ行け！」と本気で腹を立てた国会議員の姿が放送された時に、不愉快だとのコメントが放送局やネットに殺到しました。しつこく付きまとう記者の姿が放送されていたにもかかわらずです。「私は寝ていないんだ」の古典例も同じです。発言者は記者に文句を言ったつもりでした。国会議員は「うるさい、あっちへ行け！」と腹を立てずに、「熱心な取材をありがとう」と微笑み、「残念ながら今は何も言えません」とあしらえば、見え方も違ったでしょう。

３つ目のチップは、「『ノーコメント』、『お答えできない』は、視聴者をバカにしたと受け取られる」です。日頃は権利意識をあまり口に出さない人もテレビの前では別人になるのです。「ノーコメント」という言葉は尊大に聞こえます。「お答えできない」の方がまだ良い。ただし、それだけでは視聴者を怒らせてしまいます。ひと言、なぜお答えできないかの理由を付け加えれば良いのです。例えば、「いま私が何かを言うと、日本列島がひっくり返りますから」などいかがでしょう。

４つ目は「視聴者は話し手が口にする批判やネガティブな言い方

を嫌う」というチップです。報道論調としての批判はそれなりに受け入れるのですが、話し手が何かに対して批判やネガティブな言い方をすると視聴者は拒否反応を起こすのです。ある企業のトップが「富山県出身者は閉鎖的だから採用しない」と発言し、非難の矢面に立ったことがありました。「富山県出身者は閉鎖的だから採用しない」ではなくて「富山県出身者だけを採用していると富山誉れみたいな企業になってしまうので、今後は採用の門戸を日本中に広げます」と言えば非難されることはなかったでしょう。むしろ企業イメージを高められたかもしれません。

最後に、5つ目のチップは「組織の所属者が個人的見解だと断っても、視聴者はそう思わない」です。前後関係が示されず、いきなり個人的見解だと言われると、視聴者は本心は逆だと考えるのです。個人的見解は、所属する組織の見解とは違うことが多いので、組織に迷惑をかけます。同様に、何らかの理由で話し手が嘘を言うと、所属する組織が嘘つきだと思われてしまいます。

これら5つのチップが示すように、マスコミを通して国民に話すときは、報道の特徴をよく理解してから話さないと、話し手としての重大な責任を果たせないだけでなく、所属する組織をおとしめてしまうリスクがあります。

聞き手が同じ反応を示すのはなぜ？

では、そんな反応を示す視聴者の正体とは、どんな人達でしょう？

それは、マスコミが対象とする「マス」です。「大衆」と訳している百科事典もあるし、「不特定多数」と説明する専門書もあります。意味合いは違いますが、どちらであれ、何十万、何百万、時には何千万の読者・視聴者の集合体です。すると、この集合体が特定の反応をするということでしょうか？

結論は、イエスです。しかし、なぜ特定の反応をするのでしょうか。そこには理由があります。ニュースの作り方、報道のされ方と関係があるのです。ニュースは短い時間で多くのことを伝えます。特にテレビの場合、話し手の言葉として使われるのは長時間の取材ビデオの中から抽出したポイントだけです。背景を話す部分はまず使われません。要するに、もっとも尖った部分だけが、話し手の発言として報道されるのです。

視聴者の塊であるマスは、「ニュース」という編集され凝縮された時空の中の発言であることを認識せず、日常生活の中にいきなり尖った発言が出て来たかのように受け取って過剰な反応を示してしまうのです。日常の会話で誰かを批判するときは、前後にその理由を話しますが、ニュースでは、話し手の背景に関する発言まで放送する時間的余裕がありません。

ネガティブな話、批判、怒りなどは、人を不愉快にさせます。背景を語っても放送されないニュース取材では、そのような話はしない、そんな態度はとらないことが重要です。残念ながらそれしか対策はありません。内容は少々変わってもポジティブに言い代えることができればなお良いのかもしれません。

話し方は「ニューススタイル」

理解を促進する話し方

マスコミを通して何百万人もの不特定多数の人達に説明をするとき、どんな話し方をすれば、すばやく、はっきりと理解してもらえるでしょうか？　答えは、「マスコミが読者・視聴者にニュースを伝えるときに使う文章・文言の構成スタイルを使う」です。考えてみれば、当たり前ですね。

実は、ニュース記事を書くときに、基本とされる執筆のスタイルがあります。これを私は「ニューススタイル」と呼んでいます。もとは執筆のスタイルですが、そのスタイルを使って話せば、理解しやすい説明ができます。

このスタイルは、1．見出し　2．リード　3．本文　の3点に分けられます。ここでは、日本経済新聞2017年4月7日朝刊31面に掲載された記事「アスクル火災、鎮火に13日間」を事例として解説します。

見出しと本文は、左ページの解説をご覧いただくのがよいかと思いますが、リードに関しては、少し説明が必要です。

見出しの次に注目していただきたいのが、記事の最初の一段落です。レイアウトも他の文章とは少し違います。この部分を「リード」といいます。リードとは「文章の書きだし部分」という意味ですがニュースのリードには、いくつかの規則があります。

① 記事の最初の一段落（これはどんなリードでも同じです）

② 文字数にして140から200字程度。アスクル火災記事のリードは、約140文字です。読み上げると40秒ほど。リード部分を話す場合、長くても1分です。

リードでは、見出しで説明した記事のポイントを5W1Hに答える形でより詳しく説明します。5W1Hとは英語の主な疑問詞のことです。Wで始まる疑問詞が5つ、Hではじまる疑問詞が1つあります。左ページで、アスクル火災記事のリードに5W1Hを当てはめていますので、ご覧ください。

WHO（だれが・なにが＝主語）　WHEN（いつ＝時）

WHERE（どこで＝場所）　HOW（どうやって＝方法）

WHAT（なにをした＝結論）　WHY（なぜ＝理由）

緊急記者会見は、最初に冒頭スピーチを行い、その後、質疑応答に移ります。冒頭スピーチは、ニューススタイルを使って作成すると、分かりやすく説明できます。しかも質疑応答に移る前に、主な質問に答えてしまうことになります。ただし、新聞記事とは異なり、冒頭スピーチのリードには5W1Hだけでなく、キーメッセージ（次ページ参照）も入れなければいけません。

日本経済新聞2017年4月7日朝刊31面　「アスクル火災、鎮火に13日間」

見出し

写真と図を別とすれば、この記事でまず目につくのは見出しです。見出しはいくつかに分けてありますが、それはレイアウト上の工夫です。一つの文章にまとめると次のようになります。

「アスクルの火災は鎮火に13日間かかった。少ない窓が不完全燃焼を招き、一酸化炭素爆発の危険があったからです」

ニューススタイルの大きな特徴は、この記事のように、内容を、最初に、短い言葉で説明してしまうことです。ニューススタイルで話す場合は、最初に「見出し」程度の長さの文言で、これから話す内容のポイントを説明します。

話のポイントを最初に説明するのですから、見出し文言を聞けば、それだけでこと足りる場合もあります。詳しく内容を知りたい場合は、見出し文言は、詳細な話のガイド役を務めることになり、理解を助けます。

本文

本文では、見出しとリードで説明したことを、テーマごとにまとめて詳しく述べます。アスクル火災の記事では、最初に火災の経過を述べ、次に鎮火に13日もかかった理由を詳しく述べています。最後に倉庫内の荷物は、種火がなくても高温だけで発火することを述べ、通販事業の拡大で大きく数を増やした物流倉庫全体の火災のリスクに警鐘を鳴らしています。

アスクル火災 鎮火に13日間

一酸化炭素 爆発の危険

少ない窓、不完全燃焼招く

ニュースな科学

「消防士の命守る」

高温で荷物発火も

キーワード　物流倉庫

リード　5W1Hを当てはめて考えた場合

（2017年）2月16日【WHEN（いつ＝時）】に埼玉県にある【WHERE（どこで＝場所）】事務用品販売会社アスクルの物流倉庫で起きた火事【WHO（だれが・なにが＝主語）】は、13日にわたって燃え続けた【WHAT（なにをした＝結論）】。窓のような開口部が少ない建物の構造など火災の科学的な特徴を踏まえ、安全重視で消火活動に取り組んだ【HOW（どうやって＝方法）】ことが、（13日にわたって燃え続けた）理由だ【WHY（なぜ＝理由）】。加えて近年、増加している大規模な物流倉庫特有の問題も明らかになってきた。

このように、疑問詞を当てはめると、140字足らずのリードで、5W1Hの問いのすべてに回答していることがわかります。（最後の1行は、追加情報なので、便宜上、無視します）

5W1Hに答える形をとる理由は、6つの回答（情報要素）が、ニュースを伝えたり、何かを説明する時に、最低限必要だからです。つまりこれらの情報要素すべてがはいっているとひとつの話として完結するのです。このうちのひとつでも抜けていると、その点をただす質問がでます。WHENとWHEREの情報要素が抜けていたとすれば、「その火事、いつ発生したのですか?」、「その倉庫はどこにあったのですか?」、と。

逆にいうと、この6つの回答を初めに説明しておけば、5W1Hの質問にはすでに答えたことになります。実際には質問は、さまざまです。細かい点だったり、テーマとは関係がないことを聞かれたりする場合もあります。しかし、少なくとも主要な質問にはすでに答えてしまったのですから、質疑応答がある場合、話し手に余裕が生まれます。

鉄則3

05

キーメッセージを用意する

話し相手の思いや主張を取り入れてもらう

キーメッセージについては、これまでにも作り方やその役割について詳しく述べました。改めて説明すると、危機対応の緊急記者会見の場合、直面する危機に関して会社として世に伝えたい話のポイントがキーメッセージです。

テーマとしては、⑴謝罪、⑵危機に対する会社の思い、⑶再発防止策、⑷遺族・被害者への対応、⑸会社の理念などです。もちろん、これら以外のテーマについて作成しても構いません。危機の種類によっては、例えば謝罪は必要ないかもしれませんね。一般的に10秒程度（40文字以内）のものが良いとされています。

そもそもキーメッセージがなぜ必要なのかというと、メディアはあらかじめストーリーを考えて取材するからです。単に記者の質問に答えているだけでは、用意された筋書き通りの報道となってしまいます。話し手のコメントが正確に使われても、準備したストーリーにとって都合の良い部分だけが使われることになります。特にテレビの場合、長時間の取材でも、話し手のコメントが放送されるのは長くて2、3分ですから、どこを使われても話し手の思いや主張が入るようにしなければいけません。そのためには、冒頭のスピーチだけではなく、すべての回答にキーメッセージを盛り込むことが必要です。そうすることによって、話し手の思いや主張が、ニュースの中にきちっと取り入れられる可能性が大きくなるのです。

それでは、キーメッセージを自然な形で何度も繰り返して話すためには、どうすれば良いでしょう？　それがこれから紹介する「キーメッセージの展開法」です。

次の模擬記者会見の解答例はアスクル火災の事例を使わせていただきました。新聞記事やテレビニュースを参考にして私が作ったもので、実際のアスクルの広報活動とは一切関係がありません。

最初に、普通の質問の回答の中にキーメッセージを盛り込む方法を紹介します。普通の質問とは、記者が、単に情報を求める質問です。これは難しくありません。普通の質問はニューススタイルを使って回答します。そして、リードの中に、キーメッセージを盛りこみます。この事例は、質問が広範なので、そのまま記者会見の冒頭スピーチのリードとして使えそうな回答になっています。

【質問】
今年2月のアスクルの物流倉庫の火災が長引いた原因と、業績への影響、復旧計画について教えてください。

【回答】
埼玉県三芳町【WHERE(どこで=場所)】のアスクル物流倉庫で2017年2月【WHEN(いつ=時)】に起きた火災【WHO(だれが・なにが=主語)】により、多くのお客様、消費者の皆様、取引先、関係者の皆様にご迷惑をおかけしました。また、近隣にお住まいの方々や、自治体にも多大なご迷惑をおかけしました【WHAT(なにをした=結論)】。深くお詫び申しあげます『キーメッセージ・謝罪』。

火災が長引いた原因につきましては、埼玉県東入間警察署はじめ、消防庁、国土交通省などの関係当局からさまざまなご指摘をいただいております。しかし現在も原因の調査は終わっていないと理解しております。従って私どもからお話しすることはできません『キーメッセージ・火災原因』【WHY(なぜ=理由)】。

アスクルと子会社は引き続き、関係当局の捜査に全面的に協力していくとともに『キーメッセージ・捜査に全面協力』、徹底した再発防止とコンプライアンスに関する一層の管理・監督の強化を図ってまいります。本年4月に関係当局より消防法違反の指摘を受けて以降、直ちに弊社の全物流センターで管理体制強化とコンプライアンス向上に取り組んでおります。また商品採用時と在庫管理における統制強化にも取り組んでおります『キーメッセージ・再発防止策』。

この事態を極めて厳粛に受け止め、今後の信頼回復に全力で取り組んでまいります『キーメッセージ・信頼回復の取り組み』。

業績への影響につきましては、2017年5月期の決算に112億円の特別損失を計上いたしました。決算自体は約10億円の黒字で、1年前の決算に比べて、約8割の減益となりました。

今後の見通しですが、すでに埼玉県日高市にロハコ専用の物流センターを立ち上げており、本年9月の完全復旧を目指しております。2018年5月に、火災前の160%の出荷量を目指します。アスクルは今後も物流ネットワーク強化のために積極的な投資を行います。そして2019年5月期の決算で過去最高益の更新を目指します『キーメッセージ・今後の方針』。

過去20年あまり、自前の物流網の構築を通して、お客様が求められる通販のあり方を考え続けてきたアスクルは『キーメッセージ・企業の理念』、お客様にこれまで以上に良くなったと実感していただけるような事業の拡大を行います『キーメッセージ・今後の方針』。その一例は、今年7月6日に発表したセブン&アイとのネット通販事業における提携です。さらなる事業の発展を通して、アスクルは、通販事業業界で、お客様から好んでご指名をいただける選択肢を提供してゆくつもりです【HOW(どうやって=方法)】『キーメッセージ・今後の方針』。

この回答は、読み上げると3分30秒程度です。5W1Hの回答とキーメッセージがそろっている点では、サンプルとして完結していると思います。しつこく言いますが、これは、模擬インタビューの回答例にすぎません。

鉄則

4

意地悪な質問にはまともに答えない

06

意地悪な質問にはキーメッセージを使う

意地悪な質問とは、自分あるいは関係者の欠点などかんばしくないことに関わり、正直に答えるとマイナスの影響を与えるかもしれない質問です。それ以外にも、正式発表前だったり、個人情報保護の観点から、答えは分かっていても答えられない質問、10年後の日中関係予測など、答えるのが難しかったり、誰にも答えが分からない質問、まじめな就職支援業を「ヘッドハンターですか？」と聞くなどの悪意ある質問、仮定の質問、引っかけをねらった質問などがあります。「あなたの個人的な考えを聞かせてください」も、話すべきことではないので、意地悪な質問ですね。

これらの意地悪な質問はすべてキーメッセージを使って一網打尽にします。そのやり方は、以下の通りです。

① 意地悪な質問に対して、最初にはっきりと、イエス、ノー、どちらでもない、あるいは、短い文言からなる「見出し相当の返事」をする

② 「見出し相当の返事」と、その後にくる「キーメッセージ」の2つを、自然な形でつなげる「橋渡し言葉」を挿入する

③ 質問に対応するキーメッセージを話す

一例をあげましょう。

06 意地悪な質問への回答例

【質問】
個人通販事業は競争が厳しい業界です。火災で失ったシェアを取り戻すのは難しいのではありませんか？

【回答】
①『見出し相当の返事』そうは思っておりません。すでに埼玉県日高市にロハコ専用の物流センターを立ち上げており、本年9月に、完全復旧させる計画です。セブン&アイとのネット通販事業においての提携も発表しています。2018年5月には、火災前の160%の出荷量を目指します。2019年5月期の決算で過去最高益の更新を目指します。
②『橋渡し文言』なぜ、このような計画を立てられるかといいますと、
③『キーメッセージ』アスクルは、過去20年あまり、自前の物流網の構築を通して、お客様が求められる通販のあり方を考え続けてきました。今後も物流ネットワーク強化のために積極的な投資を行い、お客様にこれまで以上に良くなったと実感していただけるような事業の拡大を行います。そして、さらなる事業の発展を通して、通販事業業界で、お客様から好んでご指名をいただける選択肢を提供してゆくつもりです。

この場合の『橋渡し文言』は、なくても良いですね。しかし、あえて入れることで、『キーメッセージ』が際だってきます。
普通の質問の回答サンプルで使ったキーメッセージ (P.129) を抜き出してみましょう。

1 今年2月に発生したアスクル物流倉庫火災により、多くのお客様、消費者の皆様、取引先、関係者の皆様にご迷惑をおかけしました。また、近隣にお住まいの方々や、自治体に多大なご迷惑をおかけしました。深くお詫び申しあげます。『キーメッセージ・謝罪』

2 火災が長引いた原因につきましては、埼玉県東入間警察署はじめ、消防庁、国土交通省などの関係当局からさまざまなご指摘を受けておりますが、現在も原因の調査は続いていると理解しております。『キーメッセージ・火災の原因』
3 アスクルは本年4月に関係当局より消防法違反に関する指摘を受けて以降、直ちに弊社の全物流センターで管理体制強化とコンプライアンス向上に取り組んでおります。また、商品採用時と在庫管理における統制強化にも取り組んでおります。『キーメッセージ・再発防止策（1）』
4 アスクルと子会社は引き続き、関係当局の捜査に全面的に協力していくとともに『キーメッセージ・捜査に全面協力』、徹底した再発防止とコンプライアンスに関する一層の管理・監督の強化を図ってまいります。『キーメッセージ・再発防止策（2）』また、この事態を極めて厳粛に受け止め、今後の信頼回復に全力で取り組んでまいります『キーメッセージ・信頼回復の取り組み』。
5 アスクルは、過去20年あまり、自前の物流網の構築を通して、お客様が求められる通販のありかたを考え続けてきました。『キーメッセージ・企業の理念』
6 アスクルは今後も物流ネットワーク強化のために積極的な投資を行い、2018年5月には、火災前の160%の出荷量を目指します。2019年5月期の決算で過去最高益の更新を目指します。お客様にこれまで以上に良くなったと実感していただけるような事業の拡大を行います。そして、さらなる事業の発展を通して、通販事業業界で、お客様から好んでご指名をいただける選択肢を提供してゆくつもりです。『キーメッセージ・今後の方針』

続いて、他の意地悪な質問と回答例です。キーメッセージを繰り返して使います。

【質問】
火災による直接的な被害額は、200億円以上にのぼるのではないかとの試算もありますが、復旧費用が経営を圧迫することはないでしょうか？

【回答】
① 『見出し相当の返事』復旧費用が経営を圧迫することはありません。火災で損害を受けた建物や在庫など資産の総額は112億円で、2017年5月期の決算に特別損失として計上いたしました。決算自体は約10億円の黒字でした。
②『橋渡し文言』今後の見通しですが、
③『キーメッセージ』すでに埼玉県日高市にロハコ専用の物流センターを立ち上げており、本年9月に、完全復旧させる計画です。また、セブン&アイ・ホールディングスとのネット通販事業においての提携も発表しています。2018年5月には、火災前の160%の出荷量を目指します。2019年5月期の決算で過去最高益の更新も目指しています。
アスクルは、過去20年あまり、自前の物流網の構築を通して、お客様が求められる通販のあり方を考え続けてきました。今後も物流ネットワーク強化のために積極的な投資を行い、お客様にこれまで以上に良くなったと実感していただけるような事業の拡大を行います。そして、さらなる事業の発展を通して、通販事業業界で、お客様から好んでご指名をいただける選択肢を提供していくつもりです。

【質問】
アスクルの子会社とその従業員1名が、7月28日に、御社物流センターで消防法違反があったとの疑いで書類送検されました。御社としては、物流倉庫の消防法違反が問われているのか、それとも御社の組織的なコンプライアンス違反が問われているのか、どちらであるとお考えですか？

【回答】
①『見出し相当の返事』アスクルの子会社と、その従業員1名に関わる書類送検は、物流倉庫での消防法違反の疑いです。
②『橋渡し文言』このような事態は極めて遺憾であり、関係者の皆様には、多大なご心配とご迷惑をおかけすることとなりました。深くお詫び申し上げます。
③『キーメッセージ』アスクルは本年4月に関係当局より消防法違反に関する指摘を受けて以降、直ちに弊社の全物流センターにおいて、管理体制強化とコンプライアンス向上に取り組んでおります。また、商品採用時と在庫管理における統制強化にも取り組んでおります。
アスクルと子会社は引き続き、関係当局の捜査に全面的に協力していくとともに、徹底した再発防止とコンプライアンスに関する一層の管理・監督の強化を図ってまいります。また、この事態を極めて厳粛に受け止め、今後の信頼回復に全力で取り組んでまいります。

質問の回答で大切なことは、情報を求める普通の質問でも、意地悪な質問でも、あらゆる質問にキーメッセージを加えることです。しかし、この習慣は簡単には身につきません。一つには心理的な躊躇があるのです。「同じ文言を繰り返したらバカに思われる」、「記者に対して悪いような気がする」と感じるのです。そんなことはありません。特にテレビの記者はむしろ歓迎すると思います。なぜなら、この方式の回答の方が編集が楽なのです。ビデオの1カ所をつまめば、放送に必要な話し手のコメントすべてが入っているのですから。話し手としては、金太郎飴のように、どの部分を使われても、同じ図柄（キーメッセージ）がでてくる話し方をするべきです。これが「記者を超えて国民に届く」唯一の話し方です。

鉄則 5

「直接対応」と「間接対応」を使い分ける

新聞とテレビで大きく異なる

新聞（紙媒体）とテレビは、同じマスメディアでも、読者・視聴者への話し手のコメントの伝わり方、取材の対応の仕方、メディアの取材の仕方が大きく異なります。

読者視聴者への伝わり方については、新聞記事の場合、記者の筆力がモノを言います。つまり話し手の影響力は「間接的」です。しかし、テレビニュースの場合、話し手の影響力は「直接的」です。話し手のコメント、表情、所作・振る舞いなどの動画が、直接、視聴者の目に触れるのです。テレビニュースでも、記者はコメントを書きます。時にはレポーターとして画面に登場します。しかし、その影響力は、話し手のコメントに比べてはるかに小さいのです。

新聞では、話し手の見た目、表情、姿勢、仕草などのビジュアル面での影響力はほとんどありません。時には写真が掲載されることはありますが、それほど気を使う必要はありません。しかし、テレビは、見た目が90％という説もありますので、服装、表情、立ち居振る舞いなどには充分注意する必要があります。無意識のうなずき、ほほえみなど自分の目には見えない表情や仕草が、「悪事を認めたように見える」など、意外な印象を与える場合があります。緊急記者会見やインタビューでは、身体や顔を動かさず、まじめな表情で通すのが一番です。

話し方についても、新聞では、取材に答える時の口ごもり、口癖、長い間《ま》などは、記事に反映されません。テレビでは、放送されるコメント部分が短いので、その中で口ごもりなどが何度もあると、話の中身以上に、そちらの方に視聴者の注意が向けられてしまいます。質問に対する回答がすぐに思いつかない時、沈黙したり「ちょっと考えさせてください」と言うと、視聴者は「この人は何も知らない」と受け取ります。新聞の取材であれば、「調べて後で連絡します」で済みますよね。記者会見では、卓上の想定回答集を参照して答えると、部下が用意した回答を読み上げているだけだと思われてしまいます。新聞であれば、極論すると想定回答集の文言を記者に見せても、それがネガティブに報道されることはありません。

同席する支援者にも注意が必要です。特にテレビの場合は顔が出るのですから、同席者の紹介が必要です。話し手と同席者のコメントに食い違いがでると、記者に追加取材のヒントを与えることになります。

最後に、メディアの取材の仕方ですが、新聞もテレビも記者会見の取材時間は同じですが、新聞は前後に充分な取材ができます。個別インタビューでは腰を据えて取材できます。質問はあらかじめ準備しますが、頭に描く記事の構成案は大まかで、取材の結果、論調が変わることもあります。しかしテレビの場合、記者は、ビデオカメラマン、音声担当などのチームで取材するので、構成案が必要とする素材を手早く手に入れようとします。準備する構成案はかなり詳細で、テレビニュースの内容や論調が取材後に大きく変わることはありません。

ここまでの説明で、テレビ対応の方が、印刷媒体の対応よりはるかに難しいことを理解いただけたと思います。それも単に顔が映るから、ということではないことが。テレビの場合は、話し手は視聴者に直接対応することになります。話の内容はもちろんですが、見た目も大切です。メディアトレーニングで表現上のさまざまなテクニックを習得する必要もあります。例えば、知らないことを悪印象を与えずに知らないと言う方法、質問に対して、瞬時にどこまで話すべきかを決める技術などです。

07 メディアの先にいる国民の存在を忘れないことが大事

おわりに

本書執筆中にも企業・団体・自治体などで発生した不祥事の報道が続出しました。「築城3年、落城1日」。こつこつと長い時間をかけて築き上げた組織の名声や信頼は、失うときはあっという間です。執筆中にこの諺が何度か報道されました。

「分かっちゃいるけどやめられない」ではなく、「分かっちゃいるけどとめられない」の恨み節が、そこかしこから聞こえてきます。

危機を発生させないための取り組みを行うには膨大な作業と資金が必要で「言うは易く、行うは難し」だと考えられがちです。しかし、私はそうは思いません。「千里の道も一歩から」です。まずは第一歩を踏み出し、少しずつ作業を積み重ねていけば、決して難しくはないのです。ただし、取り組みの順番を間違えると効果は半減します。

第一歩は、社員、職員、従業員、役員の一人ひとりに、職場で働きはじめたその日から、「自分の組織を長く健全に保つには、危機を起こさないことが何より大切だ」との意識を持ってもらうことです。これが自覚として定着すれば、千里の道の九百里を踏破したことになると私は考えています。

そのためには、組織の全員に向けた「不祥事予防」活動を開始すべきです。実際、多くの組織で、トップと経営陣だけではなく、若手社員を対象とした危機管理広報の研修や社内でのセミナー、メディアトレーニングが行われています。災害演習は、多くの組織で全従業員を対象にして毎年実施されています。同様に、危機管理広報の演習を全社員を対象にして定期的に実施するべきです。これが第一歩です。

もちろん、これだけでは道半ばです。本書で詳しく述べたように、会社や組織で危機を発生させず、また、起きてしまった危機から救うには、リスク管理、危機管理、危機管理広報の「3つの管理」とメディアトレーニングを一体とした危機対応体制をしっかりと構築することが必要です。

加えて、危機対応において、「社会に開かれた窓」である広報の果たす役割は重要です。企業と社会の考え方の乖離を誰よりも明確に認識し指摘できるのは、広報をおいて他にありません。柔軟な危機対応の体制を構築するために、大きな役割を果たすことが求められています。

SNSとリアルのメディアが融合した新メディア時代の危機報道は、これまで以上に激甚なダメージをもたらします。「幹部から現場まで、全員に周知徹底せよ」をモットーとする本書が、危機を発生させないための取り組みを行う多くの企業・団体・自治体などのお役に立てることを、心から願っております。

＊

本書出版のきっかけを作ってくださった株式会社宣伝会議・教育本部の皆様に深く感謝すると共に、編集を担当してくださった田中友梨さんと二島美沙樹さんに心から御礼申し上げます。

山口明雄

③	事案の内容を分かりやすく説明しているか。マスコミ用のコメントと同様に❶ 新聞見出しのようなひと言での説明、❷ 200文字以内の概要説明、❸ 必要に応じて詳細説明、の3つに分けて作成すると伝わりやすい。	
④	❸の詳細説明を「結論」→「理由」→「重要事項順」の順番で行うか、「時系列」で行うかを検討し、分かりやすい方を選ぶ。	
⑤	原因について明確に記載しているか。現時点で不明の場合、いつ、どこで、だれが、どんな原因調査を行う予定かを記載する。	
⑥	応急措置策、再発防止に向けた対応は記載しているか。	
⑦	問い合わせ先・担当者は記載しているか。	
⑧	部署・部門が資料配布を行う場合、どのような情報発信が適切か、必ず広報室に相談する。	
3	**緊急記者会見**	
①	発生後半日、遅くとも12時間後までに会見を実施する。常識的な時間が望ましい。	
②	(謝罪すべき案件の場合)会見冒頭でお詫びのコメント。深々と頭を下げる。机に手はつかない。会見終了時も、再度、謝罪コメントで締めくくる。	
③	国民に強く伝えたいことのポイント「キーメッセージ」をしっかり頭に入れ、多用する。	
④	冒頭コメントは、一字一句間違わないように読む。文の区切りで顔をあげる。会場中央後ろの一点に視線を置き、スピーチのように顔・体を左右に動かさない。	
⑤	質疑応答時、基本としては、聞くときも答える時も視線を質問者に向ける。	
⑥	想定問答集は登壇前に頭にいれるようにして、できるだけ壇上で参照しない。	
⑦	質疑応答時、口にする細かい数字・データ、正確な人名・組織名などはA4紙1枚に記入し、卓上に広げておいて目を落とすだけで確認して正確に話せるようにする。	
⑧	質疑応答の時間は十分に設ける。	
⑨	会見室への入室前から撮影は行われている。廊下・トイレも見られている。	
⑩	服装、態度、表情(笑わない)、座り方、話し方には十分留意する。	
⑪	会見終了後もマスコミからの問い合わせに対応出来る体制を確保する。	
⑫	緊急会見の場合、直後の「囲み取材」「ぶら下がり取材」は行わない(ここでの質疑応答が記事のポイントになり、各紙ポイントが異なる記事が大きく出る可能性を防ぐため)。	
4	**電話対応・記者会見の質疑応答時**	
①	質問に直接答えるだけでなく、必ずキーメッセージを加える。	
②	「言って良いこと」「言ってはいけないこと」を明確に整理しておく。	
③	「言えないこと」は言えない理由を説明し、「言えない」とはっきり言う。	
④	「分からないこと」はその理由を説明して「分からない」とはっきり言う。	
⑤	事実や発表しても良いデータなどで、対応者が知らないこと、失念したことは「私はいま分からないのですぐに調べて回答します」と答え、電話対応の場合は、確認して速やかに折り返す。記者会見の場合は、同席者に聞く、または広報担当者に調べてもらい、会見終了までに壇上で回答を行なう(これにより「会見者が無知だ、無責任だ」というような印象を与える報道はある程度防げる)。	

巻末　組織の各部署と広報部の危機対応のチェックリスト

ほとんどの企業・団体・自治体では、メディア対応と危機管理広報は広報部が行うと規定しています。メディアから他の部署（部門）に問い合わせやリクエストがあった場合、広報部に回して、広報部から回答するのが基本です。しかし、中央省庁、複合企業、多国籍企業、子会社・関連会社を多数所有する企業などの一部は、メディア対応や危機管理広報の一部を各部門や部署に任せる場合があります。

広報部と各部門・部署（課など）が、危機発生時に実施すべき重要事項を以下のチェックリストに洗い出しました。ぜひ、各組織で活用してください。

各部署と広報部の危機対応チェックリスト

1 初動対応		チェック
①	認識がない危機事案に関する問い合わせには、「調べて回答する」と答え、折り返すまでの時間を知らせる。マスコミへの折り返しは1時間以内を原則とする（部署・広報とも）。	
②	重大事案と考えられる場合、第一報をリスク管理室と広報室にいれる（中央省庁の場合は大臣官房総務課と広報室。複合企業等の場合は本社リスク管理室と広報など）。	
③	何が起きたのか、事実関係を正確に把握。	
④	以下の４点を報告前に確認する。❶ 担当する部門・部署（局・庁・課など）の事案か。❷ 関連企業の事案か（中央省庁の場合、監督する企業の事案か）。❸ 両者の事案か。❹ 予想される悪影響の度合いは。	
⑤	リスク管理室と広報室に連絡（中央省庁の場合は大臣官房総務課と広報室）。対応方針を決定。方針の決定においては、該当する案件を世の中はどう捉えているかを考慮にいれ、組織の論理にかたよらないように注意をはらう。	
⑥	マスコミ用コメントを準備（該当部門とリスク管理室からの報告を受けて広報部がコメント原稿を作成する。中央省庁、複合企業等では部門・部署が作成し、広報の承認を得て使用するケースが多い）。	
	1）謝罪すべき案件か、または単なる説明・解説でとどめるのかを区別する。謝罪する場合はコメントのはじめのほうに入れる。	
	2）国民に伝えたいポイント「キーメッセージ」を4つほど用意する。謝罪の場合は、❶ 謝罪の言葉　❷ 企業・省庁の思い（誠に残念である。重大な案件と考えている、など）　❸ 原因について　❹ 再発防止策　❺ 企業・組織の理念（日頃は「安全第一」を標語として取り組んでいる、など）	
	3）コメントは❶ 新聞見出しのようなひと言での説明、❷ 200文字以内の概要説明、❸ 必要に応じて詳細説明、の3つに分けて作成すると伝わりやすい。	
	4）3）❷の概要説明は５Ｗ１Ｈ（いつ、どこで、誰が、どのようにして、何をした、その理由は）のすべての疑問に答えているか確認。	
	5）想定問答集（Ｑ＆Ａ）を作成。	
	6）広報室と相談して最終版を用意する。	
2 配布資料（ニュースリリースなど）、HP掲載資料作成		
①	「誰に向けた資料なのか（炎上対応の場合には、誰の怒りを収めるべきか）」「何のための資料なのか」を意識する。ニュースリリースは会社（組織）としての公式発表文である。	
②	（謝罪すべき案件の場合）資料の冒頭で謝罪の文言は記載しているか。	

「結果」を出す企画術を40の公式に

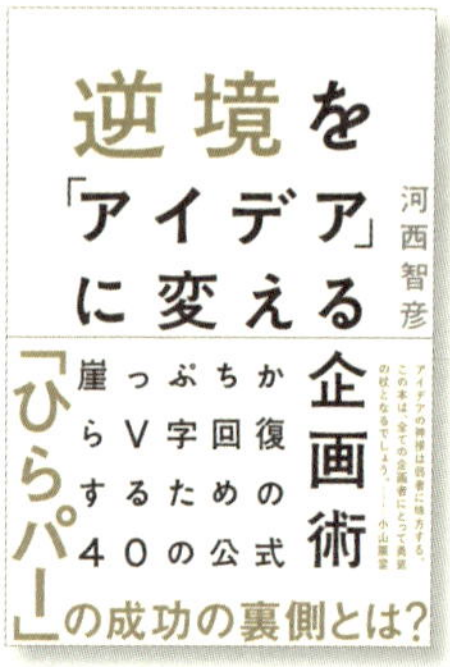

逆境を「アイデア」に変える企画術

逆境や制約こそ、最強のアイデアが生まれるチャンスです。関西の老舗遊園地「ひらかたパーク」をV字回復させた著者が、予算・時間・人手がない中で結果を出すための企画術を40の公式として紹介。発想力に磨きをかけたい人、必見。

河西智彦 著
本体1,800円+税
ISBN 978-4-88335-403-0

新時代Web動画の教科書

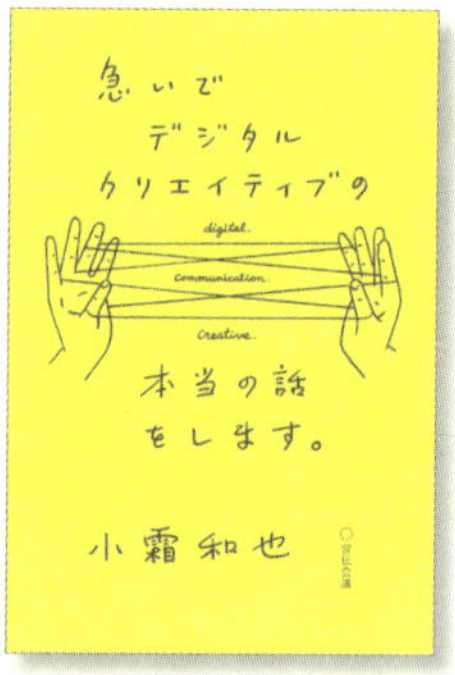

急いでデジタルクリエイティブの本当の話をします。

しっかり練られた戦略とメディアプランがあれば、デジタル広告は6番目のマス広告になり得ます。VAIO、ヘルシア、カーセンサーのデジタル施策を成功に導いた著者が、Web広告の本質を"急いで"ひも解きます。

小霜和也 著
本体1,800円+税
ISBN 978-4-88335-405-4

「戦略」の正しい理解と使い方を徹底解説

なぜ「戦略」で差がつくのか。

P&G、ユニリーバ、資生堂などでマーケティング部門を指揮・育成してきた著者が、無意味に多用されがちな「戦略」という言葉を定義づけ、実践的な＜思考の道具＞として使えるようまとめた一冊。

音部大輔 著
本体:1,800円+税
ISBN 978-4-88335-398—9

SNS時代の「顧客戦略」とは

顧客視点の企業戦略

SNSの発展で「見える存在」になった顧客とどう向き合うか。既存顧客を重視するアンバサダープログラムの考え方を軸に、「真の顧客視点」を体系的に解説した一冊。

藤崎 実、徳力基彦 著
本体:1,800円+税
ISBN 978-4-88335-392-7

マーケティングとデジタルの潮流がわかる

マーケティング会社年鑑2017

『日本の広告会社』と『デジタルマーケティング年鑑』の2冊を統合した、マーケティング・コミュニケーションの総合年鑑。広告主企業のプロモーション成功事例、サービス・ツール、関連企業情報、各種データを収録。

宣伝会議 編
本体:15,000円+税
ISBN 978-4-88335-407-8

日本の広告制作料金のすべてがわかる

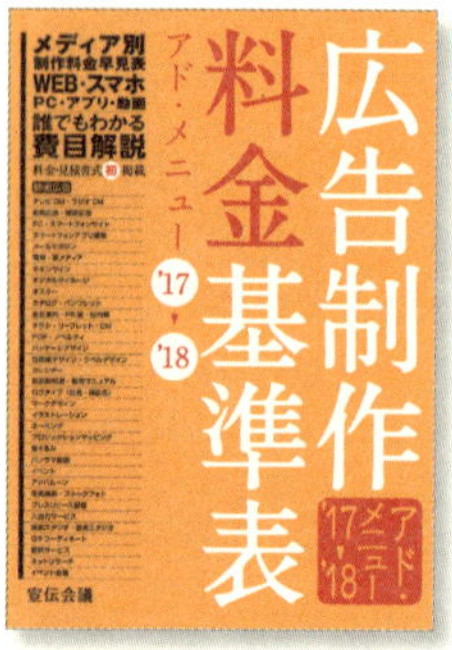

広告制作料金基準表 アド・メニュー'17-'18

広告制作に関する基準価格の確立を目指し、1974年に創刊。独自調査に基づいた最新の基準料金ほか、主要各社の料金表、各種団体の料金基準、見積などを収録。広告の受発注に関わるすべての方、必携の一冊。

宣伝会議 書籍編集部 編
本体:9,500円+税
ISBN 978-4-88335-385-9

➡ 各書籍に関する詳しい情報はホームページをご覧ください。

宣伝会議の出版物 ー書籍ー

PRのプロフェッショナルはここまでやる!

広報の仕掛け人たち

ブランディングや観光集客、地域活性化、社会課題の解決などの9つのプロジェクトについて、広報担当者とPR会社の担当者それぞれの視点から紹介。パブリックリレーションズの仕事の楽しさ、奥深さがわかる一冊。

公益社団法人
日本パブリックリレーションズ協会 編著
本体:1,800円+税
ISBN 978-4-88335-350-7

38社のベストリリースを一挙公開

実践! プレスリリース道場 完全版

『広報会議』の人気連載を一冊にまとめた保存版。ヒット商品のリリースから目的・タイプ別リリースまで「参考になる・すぐ使える」事例満載。「メディアが絶対取材したくなる」リリースの書き方、いますぐ使えるテクニックが身につきます。

井上岳久 著
本体:1,834円+税
ISBN 978-4-88335-352-1

スマホ時代の情報流通構造がわかる

デジタルPR実践入門 完全版

月刊『広報会議』の人気シリーズの完全版。嶋浩一郎氏をはじめ、広告業界を牽引するトップランナー20人がデジタルPRの基本から戦略、実践まで詳しく解説。「ウェブで自社や商品を話題化させたい」マーケター必見。

『広報会議』編集部 編
本体:1,834円+税
ISBN 978-4-88335-335-4

信頼できるメディアデータをあなたの手元に

広告ビジネスに関わる人の メディアガイド2017

メディアの広告ビジネスに携わるすべての人のためのデータブック。最新版では、特別企画＜8人の若手メディアマンが読み解く2017年メディアビジネス大予測＞を収録。メディア選定や企画書作成に役立つ、「今すぐ使える」一冊。

博報堂DYメディアパートナーズ 編
本体:2,500円+税
ISBN 978-4-88335-395-8

人を動かす隠れた心理「インサイト」の見つけ方

「欲しい」の本質

いまの時代、生活者に直接聞くことで分かるニーズは充たされています。そこで有効なのが「インサイト」。本人すら気付いていない欲望を可視化することで、新たなアイデアを生み出せます。本書では、インサイトの定義、実践までを、豊富な事例とともに解説。

大松孝弘、波田浩之 著
本体1,500円+税
ISBN 978-4-88335-420-7

情報との出会いは「ググる」から「#タグる」へ

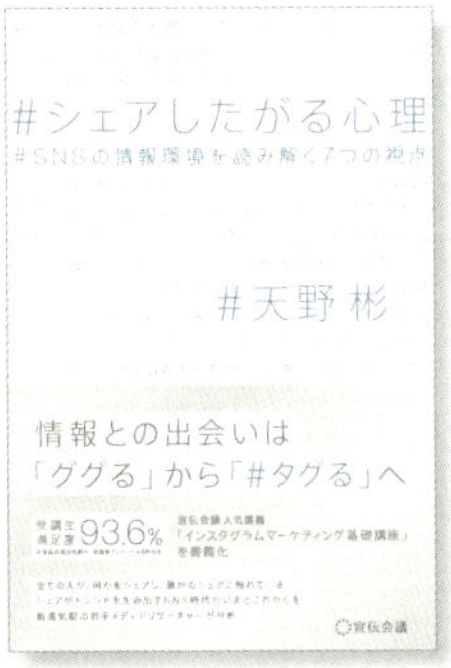

シェアしたがる心理

宣伝会議人気講座「インスタグラムマーケティング基礎講座」をついに書籍化。新進気鋭の若手メディアリサーチャーが、シェアがトレンドを生み出すSNS時代のいまとこれからを7つの視点から読み解く一冊。SNSに携わるすべての人、必見。

天野 彬 著
本体1,800円+税
ISBN 978-4-88335-411-5

宣伝会議マーケティング選書

宣伝会議が60年以上にわたり、出版・教育事業の基軸にしてきた<マーケティング><広告・宣伝><広報><販売促進><クリエイティブ>。各領域で今求められる基礎知識をまとめた、「仕事の基本」シリーズです。

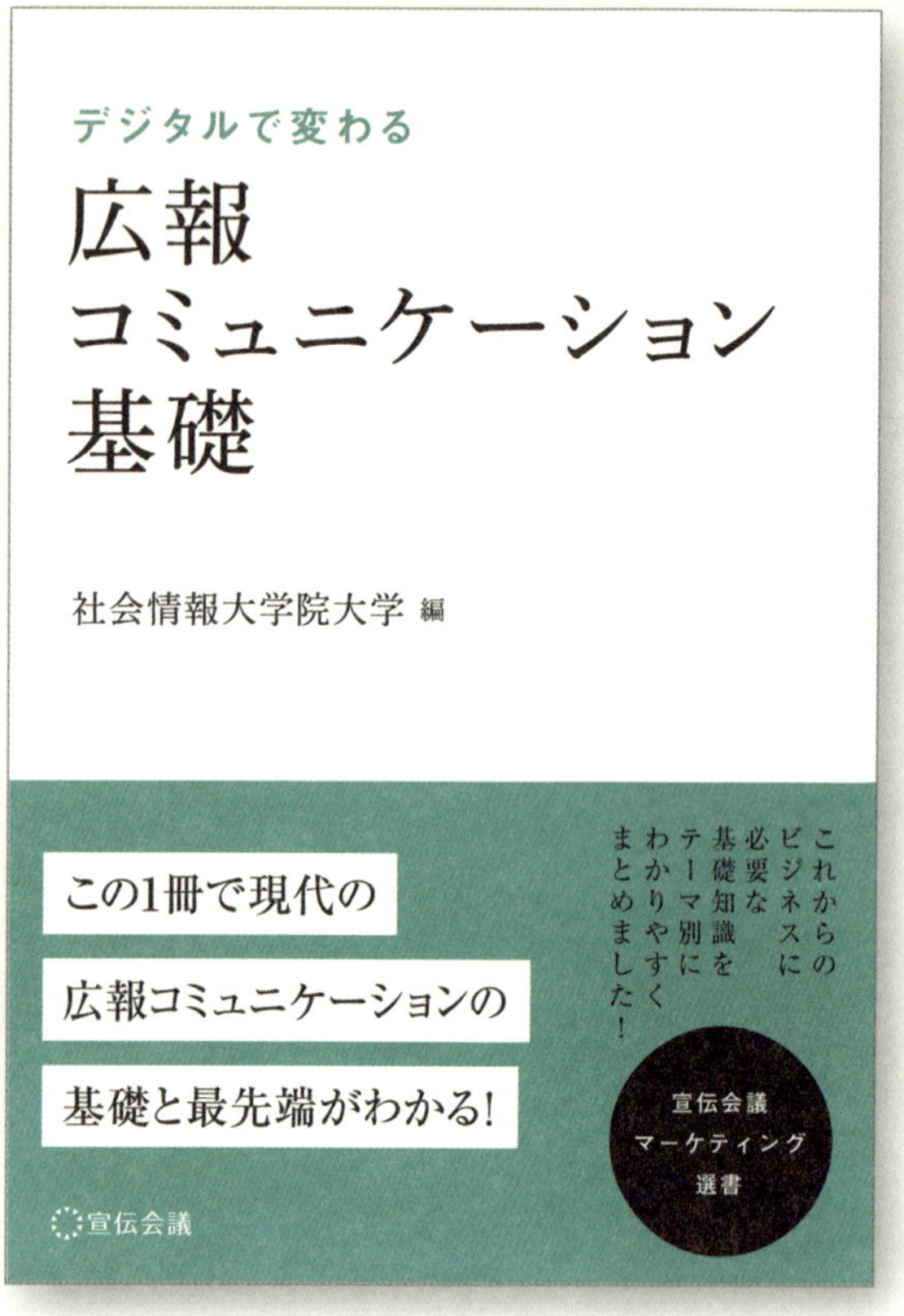

デジタルで変わる

広報コミュニケーション基礎

情報がグローバルかつ高速で流通するデジタル時代において、企業広報や行政広報、多様なコミュニケーション活動をよりよく有効に展開するための入門書です。

はじめに「未来を創る広報」とは
第1章 デジタル時代の「広報パーソン」とは
第2章 デジタル時代に問われる広報コミュニケーション
—「情報集約社会」へ—
第3章 コーポレート・コミュニケーション
第4章 広報戦略の立案
第5章 ICT の活用とコミュニケーションデザイン
第6章 マーケティング・コミュニケーション(マーケティングPR)
第7章 インターナル・コミュニケーション
第8章 CSR と地域社会への広報活動
第9章 成功するIR 活動
第10章 グローバル広報
第11章 電子自治体・行政広報の要点と実務
第12章 危機管理広報(対応とリスク管理)
第13章 広報効果と効果測定
第14章 インターネット広報とオウンドメディアの活用
第15章 メディア・リレーションズ
第16章 広報業務にかかわる法務

A5判・348ページ 社会情報大学院大学 編
ISBN 978-4-88335-375-0　本体:1,800円+税

<マーケティング選書>
既刊

デジタルで変わる
セールスプロモーション基礎

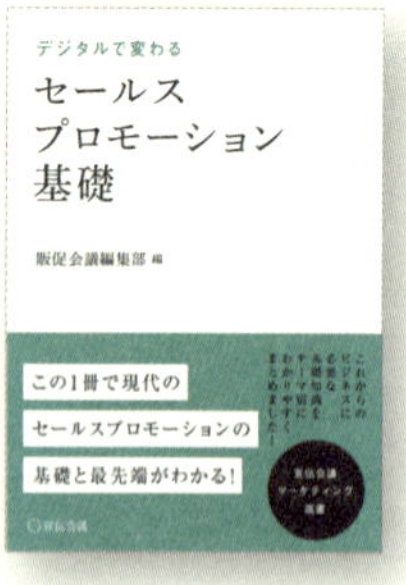

A5判・320ページ 販促会議編集部 編
ISBN 978-4-88335-374-3 本体:1800円+税

デジタルで変わる
宣伝広告の基礎

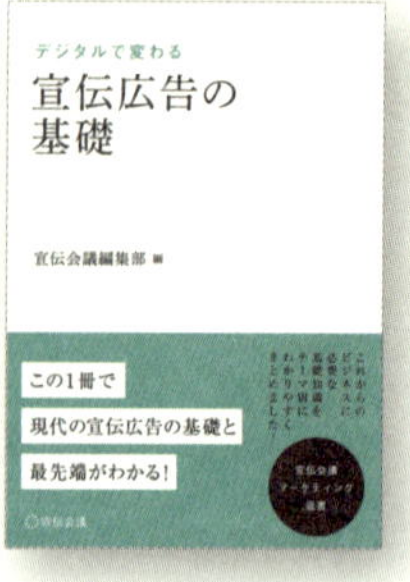

A5判・304ページ 宣伝会議編集部 編
ISBN 978-4-88335-372-9 本体:1800円+税

デジタルで変わる
マーケティング基礎

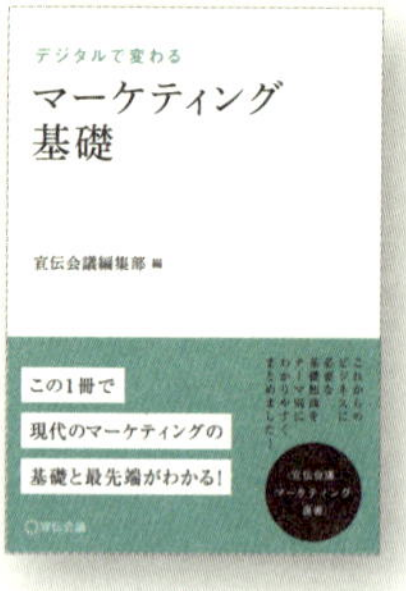

A5判・304ページ 宣伝会議編集部 編
ISBN 978-4-88335-373-6 本体:1800円+税

全国の主要書店・ネット書店(Amazon.com)で好評発売中

[宣伝会議からのご案内]

実務に活きるスキル・ノウハウを学びたい方のための教育講座

緊急時に実施すべき広報対応の鉄則を基礎から学ぶ

危機管理広報講座

【以下のようなお悩みをお持ちの方へ】

●もう無視できない危機管理広報だが、どこから手をつけてよいのかわからない…

●平時から意識を高め、危機が起こらない体制をつくりたい

毎年さまざまな業界で偽装問題や不祥事の隠ぺいなどにより企業ブランドが大きく傷つき失墜していく場面が報道されています。企業不祥事の対応について、平時、緊急時および危機後にどのように対応していけば継続的に企業活動を行っていけるのか。本講座では、危機管理広報を一から学び、あらゆるシーンに対応する知識を身に付けます。

失敗のない想定問答や話法、服装や会場設営のノウハウを学ぶ

メディアトレーニング実践講座

【以下のようなお悩みをお持ちの方へ】

●危機は普段は起きないからと、トレーニングを経営陣はいつも後回し。時限爆弾のようで、内心不安でたまらない…

●他社の広報事例はチェックしているが、自社の場合に、何を言い、どう対応すべきか落とし込めない…

いつ訪れるかわからないメディア対応。ピンチの状況を生き抜く秘訣は、メディアから攻撃されるポイントを可能なかぎり予見・予防することです。本講座は、実際にカメラの前でトレーニングを実施し、プロから直接フィードバックを受ける実践型講座。組織を守るためのメディア対応のイロハを学びます。

独学では学びにくい広報の基本を徹底マスター

広報担当者養成講座

【以下のようなお悩みをお持ちの方へ】

●広報部に異動したばかりで、基礎知識が不足している

●これまで自己流で広報対応してきたが、これでいいのか不安

企業や団体などの社会責任が問われやすくなり、情報発信をつかさどる広報の役割が重要になっています。しかし、広報業務のスタンダードは、社内ではわからないもの。本講座では、広報が身に付けるべき基本を全10回でマスターし、広報のプロフェッショナルを育成します。

目の前の仕事だけで疲弊せず、成果を示せる状況を作り出す

広報リーダー養成講座

【以下のようなお悩みをお持ちの方へ】

●広報は効果測定が難しく、明確な数値を出せないため社内に実績を示せない…

●とりあえず広報が担当、という仕事がどんどん舞い込むが、人手が足りない…

広報担当者は、ついリリースを書くことが仕事、メディアに露出することが目的になりがちです。しかし、ただ目の前の仕事に対処するだけでは、忙しい日々に終わりは来ません。広報の成果を定義し、評価される土台を作るリーダーとなるために、広報の「中長期的な視点」の考え方を学びます。

詳しい内容についてはホームページをご覧ください ➡ https://www.sendenkaigi.com/class/

著者プロフィール

山口 明雄（やまぐち あきお）
株式会社アクセスイースト　代表取締役

危機管理広報コンサルタント・メディアトレーニング講師。東京外国語大学を卒業後、ＮＨＫに入局。帯広・札幌放送局で番組制作にあたる。１９８５年に広報代理店・株式会社アクセスイーストを設立。以来、代表取締役を務める。１９９５年から3年間、世界大手の広報会社ヒル・アンド・ノウルトンの日本支社長を兼務。危機管理広報サービスに取り組み、同社の事業の柱の一つに育てあげた。現在、多くの企業や団体に危機管理広報のコンサルティングを提供している。また、ヒル・アンド・ノウルトンでは米国人メディアトレーニング講師に師事。これまで約20年間に４，５００名あまりの企業・団体・自治体の経営者と管理職、広報担当者、さらに政府高官、政財界のトップの方々を対象に、メディアトレーニングと危機管理広報セミナーなどをおこなう。宣伝会議「メディアトレーニング実践講座」講師。著書に『知識ゼロからの謝り方入門』『マスコミ対応はもう怖くない！　メディアトレーニングのすべて』『メディアトレーニングのプロが教える　誤解されない話し方、炎上しない答え方』など。

危機管理&メディア対応　新・ハンドブック

発行日　2018年2月20日　初版

著者　山口 明雄
発行者　東 英弥
発行所　株式会社宣伝会議
〒107-8550　東京都港区南青山3-11-13
Tel.03-3475-3010（代表）
https://www.sendenkaigi.com/
装丁・デザイン　萩原弦一郎（256）
イラスト　たむら かずみ
DTP　有限会社エルグ
印刷・製本　株式会社暁印刷

ISBN 978-4-88335-418-4